あぶない中国共産党

橋爪大三郎　峯村健司
Daisaburo Hashizume　Kenji Minemura

小学館新書

The Chinese Communist Party
by
Daisaburo Hashizume & Kenji Minemura
Shogakukan Inc. Tokyo, Japan. 2024.12

はじめに

「わが国がかつて見たことのない勝利だ。アメリカを再び偉大な国にする」

アメリカ大統領選の共和党候補で前大統領のドナルド・トランプは２０２４年11月６日未明（現地時間）、フロリダ州パームビーチで、支援者らを前にこう訴えた。史上最大の接戦といわれた大統領選で民主党候補のカマラ・ハリスを制した安堵感からか、トランプはいつもよりもゆっくりと穏やかに勝利宣言をした。

この選挙に象徴されるように、２０２４年は世界の人口の約半分が投票行為をする異例の「選挙イヤー」となった。１月の台湾総統選では、民進党の頼清徳《らいせいとく》が勝利したものの、総統選と同時に行なわれた立法委員（国会議員）選挙で与党は過半数を握れなかった。議会でさっそく、いくつかの法案をめぐり与野党が激しくぶつかり合っており、頼政権は厳しい船出となった。日本でも10月、石破茂が就任直後に踏み切った衆院解散・総選挙は裏目に出て、与党過半数割れの惨敗を喫した。深刻化する社会の分断を裏付けるように、いずれの選挙も接戦となったため、少数与党が誕生して政権運営が不安定となった。

このように選挙結果に翻弄される民主主義陣営を、ほくそ笑みながら眺めていたのが、中国国家主席の習近平だろう。こうした国々の首脳とは対照的に、習近平は2022年、慣例を打ち破って3期目に突入した。周囲に従順な「イエスマン」を揃えて後継候補も置かず、「超一強体制」ともいえる堅固な権力基盤を打ち立てた。新型コロナ・パンデミック後、不動産価格の下落や個人消費の落ち込みで、景気は低迷している。にもかかわらず、軍備増強を急ピッチで進めており、国防費は前年と比べて7％前後増やしている。

習近平の視線の先にあるのが、「民族の悲願」と位置づける「台湾統一」である。

2024年に入り、人民解放軍の艦艇や航空機を連日のように台湾周辺に派遣し、圧力を強めている。混乱する台湾の政局をあざ笑うかのように、5月と10月に台湾周辺で大規模な軍事演習「連合利剣－2024A」を実施。台湾本島を取り囲むように空母艦隊を含む艦艇と、100機以上の戦闘機や爆撃機を派遣しており、実戦に近い演習内容となった。

そしてその矛先は、日本にも向けられている。2024年8月26日、人民解放軍のY9情報収集機が長崎県五島市の男女《だんじょ》群島沖の日本の領空に侵入。中国軍機が日本の領空を侵犯したのは初めてのことだ。続く8月31日には、測量艦1隻が鹿児島県・口永良部島《くちのえらぶじま》の南西の日本領海に侵入した。そして9月18日、空母「遼寧《りょうねい》」の艦隊が沖縄県の与那国島《よなぐにじま》と西表島《いりおもてじま》の間の日本の接続水域を通過し、西太平洋を航行した。

「操縦士が誤って侵入したにすぎない」「現場の軍が暴発したのだろう」。一連の軍事行動について、専門家がさまざまな分析をしているようだ。いずれの見方も筆者は正しいとは思わない。「中国専門家」はなぜ、中国側の行動や意図をしばしば見誤るのか。それは、中国の政策を司る中国共産党への理解不足に起因する、と筆者はみている。

習近平政権になって、「党による支配」を進めており、ほとんどの重要な政策は共産党が決めている。その下部組織に成り下がった政府である国務院は、党の命令をただ実行しているだけだ。共産党の内部を理解しなければ、いまの中国のことは何もわからないといっても過言ではない。

だが、日本の政府や企業の訪中団が会えるのは、外交部や商務部といった国務院幹部がほとんどだ。共産党の中枢がある中南海《ちゅうなんかい》に足を踏み入れるのが難しく、資料もほとんど公開されていない。外国人がいまの共産党の情報を入手して分析することは不可能と言っていいだろう。

幸い私は特派員などとして北京で暮らした2005年から7年余り、休日を含めてほぼ毎日、昼夜と共産党関係者らと会合を重ね、議論を交わしてきた。時に、歴史や領土問題では激論となり、取っ組み合いのけんかになることもあった。こうした体を張った取材によって、共産党の思考回路や行動様式への理解を深めることができた。

だがこうした知識や経験も、厳しい情報管理を敷かれた習近平政権の全容を解明するには十分とは言えない。そこで、社会学の大家であり、中国の歴史や文化にも精通している橋爪大三郎先生に補助線を引いていただき、中国共産党の分厚いベールを少しずつはがしていくかたちで真相に迫るというのが本書の試みである。

習近平政権はいま、どうなっているのか。どこへ向かおうとしているのか。そして死角はないのか。本書が異形《いぎょう》の大国を深く知るための一助となれば幸いである。

2024年11月6日　大阪市のテレビ局の控室にて

峯村健司

あぶない中国共産党　目次

※文中一部敬称略

序章

なぜ「中国共産党の研究」が必要か

「中国研究所」が必要だ

橋爪　中国を理解するには、中国共産党の徹底的な理解が不可欠です。

中国共産党は「国家と人民を指導する」ことになっている。憲法にもそう書いてある。でも日本では政府も、ビジネス界も、その研究が絶望的に立ち遅れている。

峯村　おっしゃるとおりです。1949年の新中国建国以来、どの政権になってもすべての政策は、中国共産党の支配下にあります。たとえば中国の産業政策について知ろうとする時、日本の経済産業省や外務省は、それぞれのカウンターパートの中国政府の商務部や外交部と対話をします。しかし、政府部門から政策の真意や意図を知ろうとしたところで、本質には迫れないのです。政府部門は政策執行機関に過ぎず、重要な政策は共産党中央がすべて決めているからです。

橋爪　中国に大勢、私の知り合いがいますが、ほぼ全員、中国共産党の党員です。

仕事がら学者の友人、知人が多いのだが、みんな真面目な、善良な人びとです。でも党に対する配慮がある。仮に党と意見が違っても、それをはっきり口にしにくい。言えばややこしいことになるとわかっている。真面目な人ほど自分の信念との矛盾に悩み、口が重くなるのは当然です。

アメリカや日本の人びとは、中国共産党の何たるか、肝腎《かんじん》なところがまるでわかっていない。中国の分析もできないし、有益なアドヴァイスもできない。とても歯がゆい。

ハーバード大学のエズラ・ヴォーゲル先生は、中国共産党の要人大勢と会って、得意の中国語でインタヴューをし、信頼関係を築いて重要な情報を聞き出した。それを毎晩ホテルで文字に起こすというやり方で、鄧小平の浩瀚《こうかん》な伝記を書き上げた（日本語版は『現代中国の父　鄧小平』日本経済新聞出版社）。ヴォーゲル先生のように、中国の要人に信頼され、その懐《ふところ》に入っていける人物は、残念ながら日本に見当たりませんね。

中国関係の著作を読んで、信頼できると私が思ったのは、峯村先生を除くとほんの数人です。私の限られた知見の範囲内では、遠藤誉《ほまれ》先生（筑波大学名誉教授）、石平《せきへい》先生（評論家）でしょうか。二人とも独特の見解をおもちですが、中国共産党についての認識は間違っていないと思う。

峯村　いま、日本を見ていると中国共産党の理解があまりに足りないというところに私も危機感を抱いています。現在の習近平政権で言えば、実際の政策はすべて共産党中央に連なる組織が決定し、それを各政府機関に下ろしています。そうした実情を含め、いまの中国を知るうえで必須となるのが、中国共産党の本格的な研究や分析です。にもかかわらず、それを実際にやっている人が少ないのが現状です。いわゆる中国研究者でも、中国共産党のロジックを理解していないと感じるケースが散見されます。彼らの思考回路を理解せずして、中国とのつきあいも、交渉も、金儲けもできないと考えています。

橋爪　まったく同感です。

日本に何が足りないか。「中国研究所」がないんです。政府がやらないのなら、財界が金を出し合ってつくるべきだ。

もちろん、「中国が好きだから研究します」なんて態度では話にならない。まず研究所内に、「影の内閣」ならぬ「影の中国共産党」をつくる。中国共産党の重要機関に対応させて、党中央や、改革弁公室や、○○小組や、国家発展改革委員会や、中央紀律検査委員会や……をつくって、そこが出す基本文書を分析すべきです。研究所でそうした作業を行ない、ディスカッションする。5～10人程度のチームでもいいと思います。この文書はなぜ作られたのか、大事なポイントは何か、などを整理してレポートにする。そして、中国に進出している企業から質問があれば、すぐに答えられるようにする。内容によっては、中国人に聞いても教えてもらえない場合があるので、日本人に詳しく教え合える仕組みがあるのは利点が大きい。政府の外交、企業のビジネスなど、さまざまな場面での中国認識を正確にして、行動力を高める第一歩になる。

峯村　私は中国共産党中央委員会の機関紙『人民日報』を毎日見て、言葉の微妙なニュアンス、文字の使い方に変化がないかをチェックしています。中国特派員も経験した記者時代とは異なり、現在、私の進める中国研究の95％以上が「オシント（＝Open Source Intelligence）」に基づくものです。公開された高官の演説や官製メディアの報道を毎日丁寧に読み解いていくと、党内における政策決定や問題点などが見えてくるようになります。

それは中国が文字の国だからです。使っている単語がひとつ変わるだけでも、権力基盤や政策の方向性が変わりつつあることを示しています。表記の変化を見るだけでも、「現在の中国」のかなりの部分が理解できると思っています。だからこそ、中国や台湾以外で唯一、漢字文化をもっているわれわれ日本人こそが、その能力を特権として最大限に活かし、世界の中国研究のフロントラインにいるべきだと強く思います。

私が2013年から1年間、米ハーバード大で研究した際にも、漢字の読み書きを最大限活かして研究活動を進めました。その時師と仰いだのは、橋爪先生とも関係の深いエズラ・ヴォーゲル先生で、私の知る限り、中国語を原文で読んで理解する、数少ない学者のお一人でした。それでも、ヴォーゲル先生の中国語のメンターを務めた中国人からすれば、漢字の理解については「まあ、そこそこだね」というレベルだったそうです。

このエピソードひとつをとっても、米中の対立がある意味で基軸となる国際社会において、漢字を母語として使うわれわれ日本のレゾンデートル（存在意義）は非常に高まっていると思います。それを発揮できる場が「中国共産党研究」であり、いくら人とお金をかけても、やるべきだろうと。そのことが結果として米中の間で日本の存在意義を高めることになり、外交のうえでも有用です。中国人ではない人間が中国について客観的に詳しく話ができる。最近、私はアメリカやヨーロッパで講演に招かれることが増えています。できる限りお引き受けして、日本のもっている中国研究の底力を広めていきたいと思っています。

漢字が読める日本人は優位

橋爪　いわゆる歴史問題では、中国が日本に対して「歴史を歪曲《わいきょく》している」とかいろいろ言っています。でも、歴史をいちばん歪曲しているのは中国共産党です。反論したいのなら、「歴史を歪曲していません」などと言い訳するより先に、中国の歴史を詳しく調べ、グウの音《ね》もでないように証拠を集めておくべきだ。それを、中国に向かって大っぴらに言いふらす必要はありません。でも、「いざとなれば反論できる」態勢をつくっておくことが大事です。

峯村　そのとおりですね。歴史問題の一例として、中国が領有権を主張し領海侵犯を繰り返す尖閣《せんかく》問題があります。これについては1950年代に中国政府が発行した地図に、中国側が主張する「釣魚島《ちょうぎょとう》」ではなく、日本名の「尖閣諸島」と明記されているものがある。その時点では「尖閣は日本領土である」と中国側も認識していた証拠です。私の知り合いの外交官が長年かけて見つけた一級資料です。しかし、この外交官が発見した当時、これを公開することに日本政府は消極的だったそうです。おそらく幹部の一部が中国の反発を恐れたのでしょう。日本政府は忖度《そんたく》するのではなく、戦略的にそうした証拠を集めておいて、外交上の駆け引きで勝負する時に出す、という姿勢が必要だと思います。

このことは対中政策を考えるうえでもきわめて有効です。実は中国共産党は自らの「中国共産党史」をまだつくることができていません。中国共産党にとって「不都合な真実」があるからです。なかでも日中戦争前後の歴史については、共産党の統治の正統性にもかかわる最も重要な部分です。共産党は「国民党と日本を打ち破って新中国を樹立した」ことを正統性の拠《よ》り所にしています。ところが実際に日本と真正面から戦ったのは国民党です。むしろ共産党は、日本と水面下で連携して国民党に対抗する動きすらあった。その国民党が敗戦後に移ったのが、それまで日本が統治していた台湾です。その日本と国民党という2つの「矛盾」をはらんでいるのが「台湾」と言い換えることもできます。だからこそ、「台湾問題」の解決が中国共産党にとって死活的に重要なのです。「台湾問題」を解決するまでは中国共産党は自らの歴史を定義づけることができないのです。

この「台湾問題」を解決して歴史を打ち立てようと躍起《やっき》になっているのが、習近平政権です。習近平は最近、歴史資料を収蔵する「国家版本館」を北京に建設し、資料集めを指示していますこれも習近平が真剣に党の歴史づくりを進めている一環でしょう。日本もこれに対抗して、尖閣を含む沖縄県のほか、台湾についてのファクトやエビデンス、文献を集めて研究を深める作業を国を挙げてすべきです。

橋爪　私の手元にある四巻本の『中国共産党史』は、台湾（国民党）が出したものです。それなりに詳しいが、よその国に任せていてはいけない。

中国共産党の初期資料は、香港にあります。20年ほど前、香港中文《ちゅうぶん》大学の図書室で、かなり初期の中国共産党が発行していた定期刊行物の類《たぐい》を閲覧したことがあります。大陸から中国の学者も来ていて、「中国共産党の研究をするのにここに来ました。大陸には資料がないんです」と言っていました。あとで、ヴォーゲル先生に、「どうしてああいう資料が香港中文大学にあるんですか」と聞くと、「それはCIAが寄付したんだ」と教えてくれた。

峯村　香港中文大学は、北京語で授業を実施する名門大学ですね。

橋爪　1966年に文化大革命が始まった当時、西側メディアで良い情報が取れたのは日本の新聞記者でした。当局の情報統制が激しいなか、あちこちに貼られた「大字報《だいじほう》」（壁貼りポスター）を見に行く。撮影するわけにはいかないが、漢字が読める日本の記者は外套のポケットに手を突っ込んで、こっそりメモをとることができたんです。欧米の記者はそこまでのことができない。だから文革の報道は最初、日本の記者の独壇場だった。

いっぽうCIAは、香港を拠点に情報を集めていたそうです。各地からファックスが届く。そのファイルが厖大《ぼうだい》になったので、香港中文大学に寄付することにしたらしい。寄付するぐらいだから、私の想像では、全部コピーをとってあるでしょう。

峯村　むしろ、コピーのほうを寄付しているかもしれませんね。いまのお話を伺っていて、CIAと中国共産党との情報戦の主戦場が香港だったということが改めて裏付けられました。それと同時に、私自身、ジャーナリストのバックグラウンドがあるので申し上げたいことがあります。

文化大革命の時の日本メディアの最大の汚点についてお話しします。中国側の意に沿わない報道をしたメディアの記者が次々と国外追放されるなか、日本の報道機関で最後まで残った一人が私の古巣である朝日新聞の特派員でした。当時の社長は「中国共産党を刺激して怒らせるようなことは何も書くな。現地をしっかりと見て『歴史の証人』となれ」と指令を出したそうです。その指令を特派員は忠実に守り、北京発のネガティブな記事をほとんど書かなかった。だからこそ、中国当局は朝日新聞を国外退去にはしなかったのでしょう。

これは社として重大なミスで、「朝日は親中だ」というレッテル貼りをされる最大の理由になっています。もしその特派員が本当に「歴史の証人」になるなら、後年、文化大革命の実相を本に書くべきでした。しかし、その特派員はそのような記事や本を書くことはありませんでした。

結局、その記者は最後まで親中的な団体の幹部に就任しており、中国側に取り込まれたわけです。残念ながらジャーナリストとしての反面教師と言わざるを得ません。

橋爪 評価が難しい問題ですね。全員が北京退去になったらそれでよかったのか、とも言える。

戦前の中国研究はレベルが高かった

峯村 結局何も書かないのならば、何か文革の暗部をえぐるようなスクープを書いて国外退去処分を受ける道を私は迷わず選びます。私が尊敬してやまない朝日新聞の先輩記者は戦前にいます。京都帝国大教授で東洋史学の大家であった内藤湖南《ないとうこなん》、自由党総裁となった緒方竹虎《おがたたけとら》です。二人の中国分析は実に的確で、対中インテリジェンスで言えば、世界一流でした。漢字を使うという優位性を最大限に活用し、中国の政治だけではなく文化、経済の状況を的確に分析していました。日本人は「インテリジェンスに弱い」と言われますが、少なくとも戦前は世界に冠たる情報収集能力があったのです。

橋爪　戦前の中国研究はたしかにレヴェルが高かった。理由はいくつかあるでしょう。

第一に、当時はまだまだ日本人の漢文の学力が高かった。当時の中学校では、儒学の古典を原文で読む授業が、国語と別に行なわれていた。まあ、江戸時代に比べるとだいぶ学力が落ちたかもしれませんが、それでもまだ高かった。

第二に、中国からの留学生が日本に大勢来ていて、学校で机を並べ、世界の将来をいっしょに考えていた。友人、同志として、中国や日本のこれから進む道を模索していたんです。不幸な戦争があったとしても、根底には、世界のなかで自分たちの未来をどう切り拓いていくかという、同胞としての共感があった。

第三に、それと関連して、戦後は、外交や日本の基本政策が、アメリカとの関係で決まるように型にはめられてしまった。大事な情報もアメリカが握っていて、日本は教えてもらうだけというお任せインテリジェンスになってしまった。戦前は、そんなことはなかった。よくも悪くも、日本の知識人が国の方針について自分の考えを発信し、提案し、国民が選択していくというふつうの国のスタイルがまだあった。外国に言われなくても、中国や、アメリカ、ヨーロッパのことを自前で研究し、判断しなければならないという常識と気概がありました。

この3つがなくなって、中国研究が弱体化したのだと思うんです。

峯村 完全に同意します。戦前はふつうにあった、こうした日本の優れたインテリジェンスは、戦後に日本を占領したアメリカによって骨抜きにされました。それでも、インテリジェンスを含めた安全保障を同盟国であるアメリカに頼って、日本はこれまで何とかしのいできました。しかし、中国をはじめ新興国が発展するにつれ、アメリカの国力は相対的に低下し、その覇権が揺るぎ始めている。一方的にアメリカに頼るだけの関係から、日本も対等な同盟国になる必要が出てきました。その最初のステップとして、対中インテリジエンスの強化が日本にとって不可欠だと考えます。軍事面で日本はアメリカを頼りにするけれど、中国のインテリジェンスについてはアメリカに提供する、という関係を目指すべきだと思います。そのためには、日本にしっかりとした対外情報機関を新設すべきです。

私自身、大学で中国研究の授業を受けもっていますが、留学生の優秀さが目立ついっぽうで、日本の学生は受講したがらない実情があります。大学院の授業でも中国からの留学生ばかりです。日本の若い世代の「中国離れ」については非常に危惧《きぐ》しているところです。国を挙げた中国専門家の育成が急務なのです。

橋爪　はい。そういう危機意識が私もあって、峯村先生と対談したいと思いました。

存在しないはずの政治権力

橋爪　さて、本書で突き詰めて考えたいのは、「中国共産党の本質は何か」です。「共産党」の看板は昔のままです。でも、結党時の「マルクス・レーニン主義」はとっくになくなっている。中国共産党は官僚制ですが、清朝までの、伝統中国の官僚制とも違っている。伝統中国では、官僚は農民や商人に寄生する搾取《さくしゅ》者で、個人が私腹を肥やして終わりです。でも中国共産党は、資本も労働力も、経済をすべてコントロールしている。単に官僚が私腹を肥やすだけではない。こんな体制は、歴史上、世界のどこにも存在したことはありません。近代社会は、中国共産党みたいなものが存在できないようになっていたはずなんです。

峯村　たしかに、いまの中国共産党のような政治形態はかつて存在したことはありません。

橋爪　存在しないはずのものが存在している。これまでの分析装置が役に立たず、それを表現する言葉がないということです。要するに、知識人たちは中国共産党の本質を語ったことがないのだと私は思います。これはチャレンジです。ウェーバーがこれを知れば、何か言ったはずだ。ハンナ・アーレントがこれを知れば、何か言ったはずだ。パーソンズがこれを知れば、何か言ったはずだ。ルーマンがアジアのことを知っていれば、何か言ったはずだ。

峯村先生が紹介してくださるような、中国の権力、社会システムについてのかなり詳細な情報があれば、これを分析して言葉にしたいとみんな思うはずです。でも、生《なま》の事実があって、それが断片的にニュースとして伝わってくるだけで、誰もが当惑している。

これを言葉に置き換えて、がっしり掴み取る。きちんと認識する。それが正しければ、外国の友人に伝えることができるし、ビジネスの場面でも使うことができる。これから先の世界を考えてみたいという読者のみなさんの求めにも応えられるはずです。

峯村　現在の中国を網羅的に理解することはきわめて難しい。既存の政治学のフォーマットは当てはまらないでしょう。特に情報統制が厳しい習近平政権を分析することは困難をきわめます。この対談を通じて中国共産党の本質をしっかり分析してみることで、中国がいま、どうなっているのか、今後、中国とどうつきあうのか、どんなシナリオプランニングが可能なのかがみえてくると思います。

たとえば、呉国光《ごこくこう》先生が著した『権力の劇場』（加茂具樹《ともき》訳、中央公論新社）は、過去のヨーロッパの政治学の知見を駆使して現代中国を分析しており、非常に興味深い内容です。分厚い中身を私なりに要約すると一言で終わります。中国共産党は権力の正統性が乏しいがゆえに、その赤字を何とか埋めるために借り物の民主主義を用いており、そのツールが「中国共産党大会」だというだけの話です。

それを欧米式に、学問的に書くからややこしくなるのです。中国の思考回路《ロジック》に基づいて、深い分析をわかりやすく読者のみなさんに届けることが本書のミッションだと考えています。

橋爪　本書では、中国共産党の真実や本質について、ジャーナリスティックな面からも十分正確で新しく、学問的にも間違っていない、そんな分析を試みたい。その作業をこれから、峯村先生と進めて行きたいと思います。

中国共産党の歴代指導者と主な出来事

年	指導者	主な出来事
1949	毛沢東	「中華人民共和国」の建国
1956		中ソ対立が始まる
1958		「大躍進政策」開始
1966		「文化大革命」発動
1969		ダマンスキー島（珍宝島）事件で中ソ両軍が衝突
1972		米大統領ニクソンが訪中
1976		毛沢東死去。華国鋒が「四人組」ら極左勢力を党中央から排除
1977		中国共産党、「文化大革命」の終了を宣言
1978	鄧小平	事実上の最高指導者に。日本を訪問。「改革開放」開始
1979		アメリカ訪問。深圳などに特区を設置
1989		「第二次天安門事件」勃発。学生らの民主化要求デモを武力弾圧
1992		南巡講話で改革開放の加速を呼びかけ、「社会主義市場経済」の導入を宣言
1993	江沢民	鄧小平から後継者に指名され、国家主席に就任
1997		鄧小平死去。香港返還（2047年までの50年は一国二制度）
2000		「三つの代表」思想を発表し、中国の資本主義化が加速
2002	胡錦濤	党総書記に就任。江沢民ら長老が政治の実権を握る
2007		習近平が中央政治局常務委員（序列6位）入り
2012	習近平	党総書記に就任。胡錦濤が完全引退し、長老政治終焉。反腐敗キャンペーン開始
2014		「反スパイ法」施行。外国の駐在員などの取り締まりを強化
2015		人民解放軍が陸海空・ロケット軍などの一体運用を目指す「軍制改革」を実施
2018		憲法改正により国家主席「2期10年」の任期制限を撤廃
2019		香港で民主化要求デモが激化
2020		「香港国家安全維持法」施行。香港を実質的に直接統治
2021		「歴史決議」採択
2022		習近平体制3期目スタート。ゼロコロナ政策批判で「白紙革命」勃発

第一章

「毛沢東」の凶暴性

「一発大逆転」の共産主義

橋爪　いまの中国をまるごと理解する。それには中国共産党とその歴史を、その裏側を含めて明らかにすることが不可欠です。

そのためにはまず、毛沢東の正体をつきとめる。中国共産党を率いて中華人民共和国を打ち立てた立役者、そして死ぬまで独裁的な権力を手放さなかった特異な人物、毛沢東の本性をつきとめるのがよい。

峯村　習近平政権が、これまでどのような方法・目的で権力基盤を固めてきて、これから中国をどこへ導くのかを考えるうえでも、毛沢東の分析が不可欠です。習近平は2018年、それまで「2期10年」という国家主席の任期を撤廃する憲法改正に踏み切りました。この任期はもともと、鄧小平が1982年に「毛沢東の独裁がもたらした過ちを繰り返さない」ために設けたものです。これを習近平があえて撤廃したことは、毛沢東式の独裁体制への回帰につながります。

のみならず、習近平は2021年、毛沢東、鄧小平に続く三人目となる「歴史決議」を採択して、結党以来100年の政治路線や思想をふり返り、「習近平新時代」の始まりを宣言しました。このことは、新中国を建国した毛沢東、そして改革開放によって国を発展させた鄧小平という二人の「偉大な指導者」に習近平が並んだことを意味します。3期目で習近平一強体制が固まったこのタイミングで、中国共産党の黎明《れいめい》期における国家運営とはどのようなものか、そもそも毛沢東とはどんな人物だったのかを改めて整理・検証する意義は大きいと思います。

橋爪　毛沢東の時代に実はもう、マルクス・レーニン主義を都合よく解釈し直しているんです、中国共産党は。マルクス主義はもともと世界同時革命の「インターナショナリズム」なのに、それを、中国統一のための「ナショナリズム」に書き換えた。だから毛沢東に戻って、議論を始めるべきなんです。

毛沢東は、どういう人物か。

毛沢東は「出遅れた」人間です。それがどうしようもないルサンチマン（怨念）になっていて、それに衝《つ》き動かされた一生だった。

峯村　毛沢東は中国共産党創立時（1921年）からの党員ですが、生まれは清朝時代の

1893年、湖南省の長沙《ちょうさ》郊外にある農村です。裕福な家庭だったようですが、軍人で地主だった父親のしつけは相当厳しかったようです。

橋爪　毛沢東は、父親を憎んで育ちました。父親はあこぎで冷酷な人間で、農民に辛くあたり、家族も虐待していた。いい思い出はひとつもなかったように思う。

毛沢東は地元の師範学校に進みました。でもいちばんいい学校ではなかった。

彼の青年時代は、清朝が滅んで中華民国が成立し（1912年）、中国が本格的に近代化に歩み出した時期です。いい家の青年は海外に留学したり、事業を始めたりしていた。それにひきかえ、毛沢東はパッとせず、鬱々《うつうつ》とした気分で過ごしていたのではないか。

峯村　師範学校卒業後は北京に移り、北京大学図書館の司書補の仕事に就いています。

橋爪　その話は有名ですね。上の学校に進めなかった。

毛沢東が勤めている図書館には、偉そうな教授たちや、モダンななりをした学生たちが本を借りにくる。立派なインテリばかりです。颯爽《さっそう》とした知識人たちと比べて、自分は惨《みじ》めに思えたろう。それが毛沢東のインテリ嫌いの原点です。毛沢東はインテリ（知識分子）を憎悪し、政権をとったあとも生涯にわたって知識人を憎む、反知性主義の人間になってしまった。

その後、毛沢東は、共産主義に興味をもって、共産主義者に接近します。中国共産党の設立大会にも名を連ねている。なぜ、マルクス主義に興味をもったのか。それは、共産主義の思想に共鳴したというよりも、一発逆転の大勝負に賭けたのだと思う。マルクス主義は暴力革命で、政権の奪取を目指します。知識人よりも共産党のほうが偉いのです。これは気持ちがいい。自分の先を進んでいい気になっている知識人連中を追い越し、見返してやる、というどす黒い野心のようなものが沸き上がった。

毛沢東は、政治闘争に長《た》けていて、のちに中国共産党の指導者となってからも、冷酷に政敵を打倒していきます。とても沈着で、とても大胆。ふつうの人間ならできないような冷たい決断ができるところが怖い。だから偉大な指導者だともち上げられたが、身近にこんな人物がいたら周りの人間はたまったものではない。

峯村　その見立ては非常に面白いと思います。中国語で書かれた文献を含めて毛沢東について書かれた記録などを読むにつれ、「共産主義を信奉し、熱い思いで革命運動に身を投じた」というイメージとは違う人物像が浮かんできます。

私が毛沢東を一言で言い表わすなら、〝リアリスティックなファイター〟です。共産主義についても、信念というよりも「革命」こそが自らの人生を逆転するのに有効なツールとして利用したのでしょう。主義主張ではなく、使えるものは何度でも利用し尽くす。典型的なプラグマティック（実利的）な中国人だったのだと思います。

マルクスをうまく利用した

峯村　さらに毛沢東のパーソナリティを理解するのに非常に重要なのが、彼の生まれた1893年という時代背景です。列強による外圧にさらされて清朝が滅亡寸前となる姿を、毛沢東は物心ついた時から目《ま》の当たりにしている。迫りくる列強に立ち向かうには国がひとつにまとまって対抗していかなければならない、という危機意識を肌で感じていたようです。

当時としては比較的裕福な家庭に育ちながら、悶々と過ごすなかで、バラバラになった中国を赤化（共産化）しようとソ連がやってきた。毛沢東は自分が権力を奪取するのに「共産主義は便利だから使っておこうか」くらいに思ったのではないでしょうか。

橋爪　それは大事な点です。

マルクス主義が都合がいいのは、社会を「階級闘争」と捉える点です。ならば、闘うのは正しい。毛沢東にぴったりです。でもマルクスの考えは『共産党宣言』から『資本論』に発展していく。ロシアではレーニンが出てきて「マルクス・レーニン主義」になり、それをスターリンが継承した。ロシア革命直後に「共産主義インターナショナル（コミンテルン）」ができ、世界同時革命を目指した。各国にオルグ（組織者）を派遣して、その支部をつくった。中国でも目ぼしい知識人に声をかけて資金を出し、コミンテルンの中国支部を1921年に設立した。これが中国共産党です。

毛沢東は、そうしてできた中国共産党のなかでも、出遅れていました。初期のリーダーには李大釗《りたいしょう》がいて、陳独秀《ちんどくしゅう》がいた。留学帰りの周恩来がいて、鄧小平がいた。毛沢東は、結成大会13名の参加者のなかでも、末席のほうです。西洋の学問をちゃんと学んだこともなく、留学もしていない。これを逆転するには、手練手管《てれんてくだ》も運も必要だが、悪だくみも必要だった。

峯村　そもそも毛沢東はマルクスやエンゲルスの著作を通読していたのでしょうか。

橋爪　まともに読んでないです。レーニンやスターリンの著作はパラパラめくったかもしれないが、学力が全然足りない。むしろ毛沢東は、『水滸伝《すいこでん》』みたいな英雄が活躍する中国古典や、権謀術数が渦巻く宮廷内の政治闘争を描いた歴史物語が大好きだった。共産主義の「闘争」「革命運動」は、理想社会を実現するための「手段」です。でも毛沢東は、むしろこれを「目的」みたいにしてしまった。

国共内戦（1927～1937年）で共産党軍が本拠地から大移動して逃れた「長征」は、あとでも述べますが、毛沢東が権力を固める舞台になった。この苦難の行軍で、党員たちは酷い目にあった。都会育ちのインテリは途中で落伍しただろう。忍耐力のある毛沢東や農民兵は、最後まで生き延びた。毛沢東は、共産主義を利用する方法をよく知っていた。インテリの理屈っぽい共産主義者と違って、自分は共産党で革命をやりとげるんだという自負が強かったと思います。

峯村　毛沢東が「ファイター」としての自分を正当化するために、マルクスの暴力革命論をうまく利用して生き残りの手段としたという点は、現在の習近平をみるうえでも重要です。習近平は2018年に突如、「マルクス生誕200年」を祝う式典を北京で開きました。「なぜ?」と思っていたら、その後しばらくして「習近平思想は21世紀のマルクス思想である」と謳《うた》い、「自分こそがマルクスの再来である」というようなアピールを始めたんです。当時、党序列5位だった王滬寧《おうこねい》にも「『習近平の新時代の中国の特色ある社会主義思想』は21世紀のマルクス主義である」と発言させています。

党の政治報告のなかにも盛り込まれましたが、マルクスの権威を使って「これが中国独自の社会主義だ」と、現下の政治体制について思想的に生命力をもたせたと考えると、毛沢東も習近平もマルクスをうまく利用しています。

「スパイマスター」周恩来

橋爪　ではそんな毛沢東がいかにして中国共産党のなかで頭角を現わし、指導者の座につくことができたのか。彼の履歴から考えてみます。

毛沢東ら中国共産党は当初、コミンテルンの指示に従い、北京や上海などの都市部で武装蜂起を繰り返していましたが、ことごとく失敗しました。活動基盤を失い、都市部の青年層に見切りをつけた毛沢東は南部の井岡山《せいこうざん》という山奥にある農村に移った。そこで農民軍を率いていた朱徳《しゅとく》や賀竜《がりゅう》ら共産主義者の軍人と合流しています。
彼らは井岡山を手始めに根拠地を各地につくり、共産主義革命を実践した。ところが敵対する国民党の攻撃が激しくなるにつれて根拠地を維持できなくなり、1934年、共産党軍は江西省瑞金《ずいきん》に設立していた「中華ソビエト共和国」を捨てて逃げ出した。国民党軍と戦いながら1万2500キロを西へ北へと徒歩で移動したことで「長征」「西遷」という呼称がついていますが、ただの逃避行ですよ。

峯村　長征の過程で約8万6000人いたとされる共産党軍はどんどん減り続け、国民党軍との戦いにボロ負けして、1936年に陝西《せんせい》省に着いた主力部隊は8000人まで減っていたとされています。まさに「苦難の大行軍」でした。

橋爪　その逃避行の途中、遵義《じゅんぎ》（貴州省）での会議で、毛沢東は中国共産党の主導権を握ります。自分より党歴の長い周恩来を追い越し、最高指導者の地位を手にしたことになっている。実際にそこまでの地位を固めたかは、微妙な点もあります。
とにかく、行き先も不明な逃避行を、いくつかのグループに分かれて落ち延びながら、毛沢東の一行が延安《えんあん》（陝西省）にどうにか残っていた革命根拠地にたどり着いたことが、その後の中国の運命を方向づけたのです。

まず地理的に見て、延安はソ連から近くて、援助を受けやすかった。それに、山の中で戦略的価値がまるでない場所なので、日本軍や国民党軍の攻撃を受けにくい。

峯村 陝西省で共産党の拠点を築いていたのが、習近平の父親である習仲勲《しゅうちゅうくん》です。

橋爪 そうなんですね。

遠藤誉氏の著書『毛沢東　日本軍と共謀した男』（新潮社）によれば、毛沢東が延安にたどり着く直前、習仲勲は反対勢力に粛清され、すんでのところで処刑されるところだった。そこに毛沢東が到着し、処刑を止めさせたという。毛沢東のおかげで命拾いした習仲勲は、それ以後ずっと毛沢東に忠実に仕えています。その子どもの習近平は当然、毛沢東に悪い印象をもっていない。彼の人生は、毛沢東とのつながりで始まっているのです。

峯村 その傾向は最近の習近平の言動からもみてとれます。長征を「中国共産党の団結と犠牲の象徴」と歴史的な意義づけをし、国民統合や党の正統性を強調するための史実として積極的に利用しています。アメリカのトランプ政権との対立が先鋭化した2019年5月、長征の出発地とされる江西省于都《うと》にある記念碑を訪れた習近平は、「われわれは新たな長征の途上にある。国内外の重大なリスクと挑戦に打ち勝ち、中国の特色ある社会主義の新たな勝利を奪取しなければならない」と語っています。アメリカとの対立について「新たな長征」と位置づけ、国民に団結を呼びかけているわけです。複数の中国共産党関係者の話では、毛沢東が日本との戦いが本格化してきた1938年に延安で記した「持久戦論」を習政権は研究しており、アメリカとの長期戦に向けて備えをしているそうです。

橋爪　そのころ、延安では、「AB団」の粛清が起こっていた。ABとは、アンチ・ボルシェビキのこと。党内の反革命集団を指します。共産党内に秘密警察のスパイ組織があって、AB団を検挙する。査問にかけて有罪に決まると、処刑してしまう。査問されれば、潔白を証明するのはまず無理。革命を志し、身を捧げて党員になったのに、こんな事件のせいで命を落とす若者が大勢いました。

峯村　秘密警察は、現在の中国共産党でいえば、習近平政権の大規模な反腐敗キャンペーンを展開してきた、党中央に直属する「中央紀律検査委員会」に当たるといえそうです。

橋爪　その仕組みがあるので、党に逆らうのは無理です。そこで党中央（当時は毛沢東）は絶大な権力をもつ。また、党中央は軍も掌握している（軍事指揮権をもっている）。そこで軍も、それ以外のどんな団体も、党中央に反抗するのは不可能になっている。これこそが毛沢東、ひいては党中央（現在の習近平指導部）の権力基盤だと言えるのです。

峯村　非常に興味深いです。ではそのなかで、どうして毛沢東がのし上がってきたのかと考えると、常に激しい権力闘争の中心に立っていたことが最大の要因だと思います。毛沢東は周りの人間をうまくマヌーバー（策略・操作）して戦わせて、自分の手を汚さずに政敵を失脚させて権力基盤を固めてきました。裏で権力闘争を引き起こして、ライバル同士をぶつけて潰し合わせることで、自分をレバレッジしていた側面がある。太極拳のように、「柔をもって剛を制す」が如く相手の力を利用して倒していくイメージです。

橋爪先生がAB団事件で役割を果たしたとご説明された秘密警察において、毛沢東の意を受けて実際に動いたのが、周恩来です。周恩来は総理のイメージが強いのですが、実は中国共産党のインテリジェンスの基礎を築き上げた〝スパイマスター〟でもあります。

たとえば、あれだけ強い国民党との内戦に勝てたのは、周恩来がインテリジェンスの責任者として国民党内に潜り込ませていた6人のスパイの存在が大きい。内戦が終わるまで誰がスパイだったかわからないほど国民党を欺《あざむ》き、重要な軍事情報は全部、共産党側に筒抜けだった。だから明らかに劣勢だった毛沢東率いる共産党が、情報戦で圧倒して最終的に国民党に勝つことができた。周恩来が秘密警察をグリップしていて、毛沢東はその周恩来と最後まで対立しなかったことが、毛沢東の独裁権力掌握において大きかったのではないかと思います。

近年の中国で激しく展開された権力闘争では、トップの習近平が自らアクターになっているようにみえます。これは、毛沢東が演じた権力闘争との大きな違いです。本書後半で論じるテーマを先取りして言えば、習近平には毛沢東にとっての周恩来のような人物がいない。そこが、「習近平超一強体制」の脆《もろ》さとして指摘できると思います。

橋爪　とても正確な観察と、認識だと思いました。

でもなぜ、あれだけ疑り深い毛沢東が、周恩来を終生そばに置いていたのか。周恩来は毛沢東に、絶対の忠誠を誓い、信頼を得て生き残った。そうなのですが、それにしてもやはり不思議です。

証拠があって言うのではありませんが、毛沢東は、周恩来を失脚させ、殺害できるだけの「タネ」をもっていた。だから、無理難題を吹っかけ、絶対に命令を聞かせることができきた。その「タネ」は何か。個人的なスキャンダルのたぐいではないだろう。汚職でもないだろう。それはたとえば、周恩来が国民党のスパイだった、などの破滅的な秘密でなければ、ふたりの間の力学を説明できません。

毛沢東と周恩来の間には、珍しく奇妙な一種の盟友関係が成り立っています。では、肝胆相照《かんたんあいて》らす親友だったのかというと、そうでもない。もともと周恩来のほうが党歴が長く、実力もあった。毛沢東は周恩来に対して、大きなコンプレックスをもっていた。それを裏返して、周恩来を組み敷いて子分にすることから、大きな政治的威信を得ていたのだと思われる。

世界最大のスパイ組織

橋爪　毛沢東は、いろいろな陰謀の中心にいるが、自分は手を下さない、という峯村先生のご指摘でした。言葉を換えて言うと、中国共産党のなかに、毛沢東ほどの悪人はいなかったのです。

派閥抗争や政治闘争では何が起こるか、どうすれば生き残れるかを熟知し、目的のためなら何でもできた。毛沢東が悪人なのは、家庭環境によるところもあるでしょうが、彼が政治闘争を描いた中国の古典に魅了され、そのノウハウを吸収し尽くしたことにもよる。中国の古典は、宮廷闘争の歴史であり、暗殺の歴史であり、反乱の歴史であり、謀略の歴史です。それを読むとますます人が悪くなり、実際の出来事でも人びとがどうふるまうかが予測できるようになる。毛沢東はそのノウハウを、部下を操縦するのに用いることができた、天才的な陰謀家なのだと思う。

峯村　なるほど、面白いですね。毛沢東が天才的な陰謀家というのは、たしかにそのとおりだと思います。ただ、毛沢東よりも人間が悪かったのは、スパイマスターである周恩来のほうではないかと私はみています。

中国共産党の幹部はしばしば、「我が党は世界最大のスパイ組織である」という表現を使います。結党以来、インテリジェンスを重視しており、全党員が総出で情報収集活動をしているからだそうです。こうした共産党の組織の特性を踏まえると、インテリジェンスのトップである周恩来がスパイ組織をうまく使って、毛沢東に恩を売りつつ牽制《けんせい》をしたことで、最後まで生き残ることができたと分析しています。晩年はかなり悲しいものではありましたけれども……。

橋爪　毛沢東はね、自分が先に死んで周恩来が生き残った場合、周恩来が実権を握ったら何が起こるかわからない、と心配せざるを得なかった。先のことをありありと考えたのです。だから、たとえ毒を盛ってでも、先に周恩来が死ぬのでなければならなかった。実際に毒を盛ったとは思いませんが、そういう力学がはたらいた。

峯村　そうですね。毒を盛っていなくても、周恩来の最後は体重が30キロまで落ちて、満足な治療を受けることができなかった。ということは、実質的に毛沢東が「殺した」といってもいい扱いを受けました。

共産党がナショナリズムの担い手

橋爪　マルクスの暴力革命論に乗っかって、激しい闘争に明け暮れた毛沢東のやり方は、「革命的ロマン主義」とも言うべきものです。

ではなぜ、そんな危険なパーソナリティの持ち主が共産党のリーダーになったのか。そして、中華人民共和国を成立させるほどの、全人民的支持を得ることができたのか。

それは、ナショナリズムの育たなかった中国で、中国の人びとにナショナリズムとは何かを教えることができたからです。

清朝は満洲族による征服王朝で、人口の大多数を占める漢族の国ではなかった。清朝が崩れたあとに成立した中華民国は、ナショナリズムに立脚するはずだった。でもたちまち軍閥に分裂してしまい、誰が中国のリーダーなのかわからない混沌《こんとん》とした状況になった。そこへ日本軍が侵略してきた。それに抗するには、中国が全体としてまとまらなければならない。学生や知識人の間から「自分たちは中国人だ」というナショナリズムの意識がじわじわと高まってきて、コンセンサスになっていった。

では、そのナショナリズムを体現する強力なリーダーは誰か。中国共産党のトップになった毛沢東が、私だと躍り出て、最終的に中華人民共和国を成立させた（1949年）。そういう段取りになっている。軍事組織を従える共産党を率いる毛沢東には、その準備と意思があり、人びとにはそれを支える意欲があったのです。

峯村　闘争しなければ外圧にやられてしまう。そういう危機感を清朝が滅亡寸前だった幼少期からもち続け、ナショナリズムの重要性を身に染みて感じていたからこそ、毛沢東はそれを人民に〝教える〟ことができたのでしょう。

橋爪　そもそもナショナリズムは、人びとに共通の文化、伝統、歴史、運命共同体の意識がなければ、生み出されないのです。相談や交渉によって、ナショナリズムをつくり出すことはできない。

ヨーロッパの歴史を見ても、ナショナリズムが生まれるには長い時間がかかります。なかでも時間がかかったのはドイツとイタリアです。スペインやフランス、オランダ、イングランドはまあ早かった。

中国と対照的なのは日本です。日本で割とすんなりナショナリズムが成立した理由は、島国という地理的条件。あと、外国に攻め込まれて政府が作られた経験がなかったことです。さらに加えて、日本には天皇がいました。天皇をナショナリズムのシンボルとして担ぎ出すことができた。日本はそのシンボルのもとに団結すべきで、外国に対抗しなければならない。これが明治維新のやり方で、大東亜共栄圏の考え方です。そういう天皇がいたので、日本は恵まれていたのです。

中国は日本のナショナリズム、そしてウルトラ・ナショナリズムを見ています。でも中国に、天皇はいない。シンボルとして担ぎ出せる存在がない。似たようなことをやりたくてもできない。そんななかで、ナショナリズムを追求するには、「誰が中国人なのか」という問題に始まり、かなりの手続きが必要になる。

その担い手となる資格があったのは、国民党と共産党でした。国民党は、その名が示すとおり、ナショナリズムの政党です。だから本来、国民党のほうにチャンスがあったはずです。

でも共産党が勝ち残った。共産党は英語では、コミュニスト・パーティです。コミュニストは世界同時革命をめざす普遍主義（ユニバーサリズム）で、万国のプロレタリアの団結を目指します。本来ならナショナリズムを担うことはできないはずで、だから中国共産党は結党時から、ソ連の子分になった。ソ連の子分でしかないはずの中国共産党が、国民党に代わって、ナショナリズムの担い手になった。そんな器用なことが可能だったのは、毛沢東が中国共産党のトップに座ったおかげだと思います。

峯村　まさに毛沢東がマルクス主義の「中国化」を実現したということですね。

橋爪　マルクス・レーニン主義の原則によれば、中国共産党はコミンテルンの指示に従わなければならない。モスクワの子分としては、都市部で革命運動をやるように言われれば、実行しなければならない。失敗したら、つぶされる。民族統一戦線をつくるように言われれば、それにも従わなければならない。国民党と「合作」することになるが、まったく考えの違う者同士が手を結ぶのだから、現場は混乱する。

伝統中国は、周辺の国々を従える朝貢《ちょうこう》関係に慣れていた。ところがその反対に、中国共産党がモスクワにぺこぺこ頭を下げるのだから、言わば「逆朝貢」で、たいへん正しくない状態です。それでも従ったのは、さもないと国民党に負け、日本軍に負けるからです。いまはそうするしかないと判断できたのは、毛沢東が戦略家だったからです。ただ、そんな状況を永続させるつもりはなく、状況次第で、時期が来たらひっくり返してやろう。そういう見通しで忍耐していたのです。

戦略のない日本の愚かさ

峯村　その観点は日中戦争当時の日本軍と中国共産党の関係にも当てはまります。

橋爪　支那事変（いまの言い方では日中戦争）で大事なポイントのひとつは、前述した遠藤誉氏の『毛沢東』に詳しいのですが、中国共産党と上海にあった日本軍の特務機関が連携していたことです。延安と連絡のある中国共産党のエージェントと、上海の特務機関を仕切る日本側の軍人が取引をした。中国共産党から、国民党軍についての情報を教えてもらうのと引き換えに、かなりの額の活動資金を渡していました。日本軍は、共産党に教えてもらった情報をもとに、軍事作戦を展開していた。

中国共産党とこんな取引をするのは、目先の利益になる。戦術的には理解できます。でも、戦略的にはきわめて愚かである。その後の歴史が示すとおりです。日本軍はいずれ敗れる。そのあと、中国を支配するのは国民党なのか、共産党なのかという問題が出てくる。日本がこんな取引を続け、国民党と戦争を続けていると、戦後に共産党が政権を握る可能性がどんどん高まっていく。国民党政権と、共産党政権と、どちらが将来の日本の国益にかなない、世界の利益になるか。日本がやっていたことのピンボケぶりは明らかなのです。

中国共産党から見れば、こうです。国民党は、侵略してきた日本軍と戦い、国を守るために死闘を繰り広げている。戦争が長引けば長引くほど、日本もへたばり、国民党も弱っていく。共産党は高みの見物で、日本が負けたあとに国民党を叩けばいいという戦略だったのです。
毛沢東の中国共産党に思うように操られていたのは日本なんです。日中の戦争にひきずり込まれた日本は、戦略がまるでなっていなかった。歴史の先を読もうともしたが、まったく筋が悪かった。

峯村 たしかに当時の日本は戦略に乏しかったといえます。いっぽう、戦略づくりの基礎となるインテリジェンスは比較的優れていたと評価しています。序章でも触れましたが、内藤湖南や緒方竹虎などの書物を読むと、いまでも通用すると思われるほど中国に関する情報の収集と分析が正確にできていました。当時の日本軍にも現場には世界一流の対中インテリジェンス能力があったと思う。にもかかわらず、こうした情報をしっかりと把握して戦略に昇華させる意思と能力を軍上層部がもっていなかったことが敗因だと分析しています。

橋爪 そもそも日本には、中国と戦争すべきかについて、国民的な議論も合意もなかった。念のため支那事変（日中戦争）に至る経緯を復習しておきます。
中国満洲一帯に勢力を伸ばしつつあった関東軍（日本陸軍）は、満洲を支配していた軍閥の首領・張作霖《ちょうさくりん》と協力関係にありました。ところが、野心を抱いた張作霖が北京に進出して中華民国での地歩を固めようとしたので、日本との協力関係がぎくしゃくして来ました。

そこで関東軍参謀の河本《こうもと》大作らのグループが陰謀を企て、1928年、張作霖を爆殺しました。事件の真相は当時、不明とされていました。

参謀本部や政府は寝耳に水で、昭和天皇も事態を憂慮し、大問題になりました。

その3年後の1931年、関東軍は今度はそれなりに準備して、柳条湖《りゅうじょうこ》事件を起こし、あっという間に満洲全域を軍事占領します（満洲事変）。首謀者は関東軍参謀の石原莞爾《いしはらかんじ》です。1932年には、傀儡《かいらい》国家の満州国を成立させます。

それからしばらくして、西安《せいあん》事件（1936年）が起きます。

張作霖の子・張学良《ちょうがくりょう》は、父の軍閥を受け継いでいました。満洲事変が起こると、関東軍に抵抗せず、華北方面に脱出し、国民党に合流します。そして、蔣介石《しょうかいせき》の指揮下で、共産党ゲリラの討伐に当たっていました。そして蔣介石に要請します。ゲリラ討伐はあとひと息です、どうか現地に視察に来てください、と。

でも、これは罠だった。張学良は、共産党と通じていた。蔣介石が西安に着くと、身柄を拘束してしまう。周恩来もやって来て、国共合作（第二次）の密議が行なわれた。国民党と共産党が手を結んで、日本軍と戦おう、という話し合いです。父を日本軍に殺された張学良は、その仇を討とうと、まず共産党を討伐してから日本軍と戦う、という国民党の戦略をひっくり返したのです。南京の国民党政府は、蔣介石が殺害されたかもしれないと、動揺しました。夫人の宋美齢《そうびれい》は、飛行機で西安に単身乗り込み、蔣介石の身柄の安全を保障させます。国共合作の話し合いが成功して、蔣介石は南京に戻ります。

翌1937年の7月、北京郊外の盧溝橋《ろこうきょう》付近で、日本軍と国民党軍の間で〝偶発的に〟銃撃戦が起こる。何回も休戦が試みられるものの、その都度ずるずる拡大し、上海に飛び火し、首都の南京を攻略する作戦が企てられる。そして南京事件が起こります。国民党は拠点を武漢、さらには重慶に移して抗戦を続け、戦争は泥沼化する。これが支那事変（日中戦争）の経緯です。

峯村　まさに戦略なき大日本帝国を象徴する戦争でした。

橋爪　このようにずるずる戦線が拡大してよいのか、日本陸軍の内部でも議論がありました。たとえば、満洲事変を起こした石原莞爾は、この戦争に大反対だった。そもそも満州国をつくったのは、ソ連と戦争をするため。対ソ戦では、戦線の背後にあたる中国の好意的中立が必要である。それには中国の主権や領土を保全しなければならない、というのが彼の考えです。まことに正論である。でもその考えは陸軍の主流にならず、石原は主流を外された。そして戦争の泥沼に入っていったんです。日本は中国を攻める動機も意欲も計画も準備もなかったのに、状況にひきずられた。中国共産党の思うつぼでした。

峯村　そのソ連と対峙するため、当時の近衛文麿《このえふみまろ》政権は事態の収拾を図るべく、駐華ドイツ大使に仲介を依頼して、国民党と交渉を始めました。しかし、陸軍参謀本部が対ソ戦争の準備を急ぐために蔣介石政権との和平交渉を主張したのに対し、関東軍は蔣介石政権を否認して新しい政権を樹立させることにこだわった。結果として近衛政権は1938年1月、対中政策に関する声明で「国民党政府を対手《あいて》とせず」と言って交渉を打ち切ってしまいました。

当時、日本は国民党副総裁で「反共親日」を掲げていた汪兆銘《おうちょうめい》と水面下で和平工作を進めていました。汪兆銘といえば、「中国革命の父」である孫文《そんぶん》の側近中の側近です。汪兆銘を大事にしなければ、日本が日中戦争に勝って、その後の対中政策で優位に立てるはずがない。にもかかわらず、日本側が近衛声明を出したことを機に、汪兆銘の国民党内におけるプレゼンスはどんどん下がっていき、最後は失脚しました。

中国の指導部で、汪兆銘のように日本に理解を示す実力者を、当の日本が大事にせずに潰してしまう愚行は、いまでも受け継がれていると感じる時があります。

そのいちばんの例が、習近平の前任の国家主席・胡錦濤《こきんとう》に対してです。複数の中国共産党関係者が「胡錦濤ほど対日関係を重視している指導者はいない」と口を揃えるほど、「知日派」として知られていました。にもかかわらず、当時の小泉純一郎首相が靖国を公式参拝するなどしたことで、前任の江沢民《こうたくみん》に連なる反日的な実力者たちにどんどん批判の口実を与えてしまい、対日政策に重きを置いていたはずの胡錦濤の力は削《そ》がれていきました。

そして、とどのつまりが2012年9月の「尖閣国有化」です。胡錦濤から習近平へと政権が代わる、中国共産党大会直前の最も政治的に敏感な時に、中国側が領有権を主張する尖閣諸島を日本政府が国有化したことで、中国国内では反日デモが起き、その矛先は胡錦濤政権に向けられた。胡錦濤は中央軍事委員会主席に残るとみられていたが、共産党内で求心力を急速に失って完全引退に追い込まれました。

これを目の当たりにしていたのが習近平です。「日本に接近することはリスクになる」という教訓を得て、前任者より対日強硬路線に舵《かじ》を切ったのです。この時に汪兆銘のことが習近平の頭をよぎったことは想像に難くありません。戦前・戦中から続く、こうした日本の対中戦略の欠如こそが、中国との関係悪化を招き、世界における日本の地位が上がらない要因だと思います。

橋爪　日本になぜそうした知恵がないのだろうか。

外交では、まず相手をよく理解し、そのうえで相手が受け入れられるプランを提供し、相手を満足させながらこちらにいい状態を実現させる、というのが基本姿勢であるべきです。相手のことを勉強もせず、理解も欠けていたら、自分の利益も安全も確保できない。支那事変（日中戦争）での当時の日本人の愚かなふるまいを、われわれはまるで笑えません。頭のなかみはいまも似たようなものだからです。

習近平の深々としたお辞儀

橋爪　さて毛沢東が、マルクス主義をナショナリズムにつくり変えたマジックは、ほかのところでも指摘できます。

毛沢東は、いろいろな論文を残しています。「矛盾論」や「実践論」が有名ですが、要するに、中国の実情に即した社会主義革命の戦略・戦術論です。まあ、誰かの代作だろうと思います。

毛沢東の1926年から1957年までの著作を、中国共産党が『毛沢東選集』全四巻にまとめて出版しました。死後に出た第五巻は、発禁となって回収されました。要は、『マルクス・エンゲルス全集』や『レーニン選集』、『スターリン全集』を読まなくても、『毛沢東選集』を読めば立派な共産党員だということ。共産主義が、中国で「土着化」したのです。

それはどういうことか。そこには、毛沢東が理解した共産主義が書いてある。ならば、『毛沢東選集』を解釈する権利は、毛沢東にあるのです。そうなれば、党内の誰も毛沢東に反対できません。『毛沢東選集』が出た段階で、中国では、マルクスやレーニン、スターリンの権威はなくなったのです。

こういう下地があって、1960年代の「中ソ論争」が可能になった。中国がソ連共産党に向かって、あなたのところの共産主義は間違っている、修正主義だ、と言う。本来ならありえないことです。修正だと言うなら、マルクスやエンゲルスの原典に当たって、どこがどう修正されたのか言うべきだが、そんなことをした形跡はまったくない。毛沢東の家来の鄧小平が出て行って、ケンカ別れに終わる。ケンカができるのなら、分離独立できたことになり、政治目標は達成できる。こうしてソ連の「子分」を卒業した。中国共産党がほんとうの意味で、成立したと言えるのです。

峯村　ただ、その後も中国に対するソ連優位な状況は続いていました。こうした両国の関係が決定的に変わったのが、2022年2月のロシアによるウクライナ侵攻です。

プーチンはこれまで、習近平と40回以上会談しています。その様子をつぶさに分析すると、二人の力関係が変化していることがわかります。当初はプーチンが上から目線で語っており、しばしば到着が遅れて習近平を待たせていた。ところが最近では習近平が会談を主導しており、プーチンを待たせる場面も増えています。

私が両国関係を測るメルクマール（指標）にしているのが、ロシアから中国向けのガス価格です。もともと中国向けの価格は、欧州向けと比べて割高に設定されていました。いわば習近平とプーチンの「友情価格」といえる優遇政策でした。ところが、ウクライナ侵攻後、対露制裁によって欧州向けのガスが激減すると、中国がその穴埋めをするように買い増した。ただ、価格は低下しており、いわば買い叩いている状況になっています。まさにウクライナ侵攻による経済悪化によって、ロシアの対中依存が高まった結果、中国のジュニアパートナー化が進んでいるのです。

この観点から日中関係を分析してみましょう。中国の国内総生産（GDP）は日本の4倍を超えており、国防費も6倍以上の差がつけられています。しかし、日本が中国の「ジュニアパートナーになった」と言う人はほとんどいません。日本の対中レバレッジのひとつになっているのが、日本の天皇制だとみています。

中国の共産党や政府の当局者と話していると、天皇に特別な眼差しを向けていることを感じます。

本書の三章でも改めて触れますが、１９８９年の第二次天安門事件後、西側諸国から制裁を受けていた中国にとって、ブレイクスルーとなったのは１９９２年の天皇訪中でした。前国家主席の胡錦濤が、江沢民の後継として権力基盤を固めるために行なったのも、訪日して天皇陛下と面会することでした。

さらに、現在の習近平は国家副主席だった２００９年に来日した際、天皇と外国要人との会見は1か月前までに要請するというルールを曲げてまで、天皇陛下（現上皇陛下）との面会を当時の民主党政権にごり押ししました。私も当時、北京特派員として訪日に同行し、水面下のやりとりを取材しました。中国側はあらゆる手段を使って天皇会見の実現を画策し、最後に民主党幹事長だった小沢一郎にねじ込んだ。習近平にとって、国家主席になるうえで不可欠の儀礼だったのでしょう。かつて日本の君主が中国の皇帝に朝貢したように、いまでは中国共産党指導者にとって日本の天皇こそが、トップになるための正統性を補強する存在になっているのです。

習近平が陛下と会う際、私は会見場の舞台袖から見ていたのですが、記者団のカメラからは映らない場所で、習近平は腰を90度に折り曲げるようにして陛下にお辞儀をしていました。大きな身体を折り曲げる姿がいまも目に焼き付いています。そうした天皇に対する敬意を習近平ももっていると考えると、中国の「逆朝貢体制」は、日中間においてはまだ少し残っているのではないかと感じるところです。

毛沢東と天皇は似ている?

橋爪　たいへん面白いエピソードですね。

このエピソードで日本人が、天皇はそんなに偉いのか、と思ってしまうと、何もわかっていないことになります。中国の人びとが維持している中国のシステムが通用しない日本では、天皇がいるという別のシステムがある。このことに対する畏敬（リスペクト）があるのだと思います。習近平のそうした態度に、中国理解にとって重要な情報がいろいろ含まれているととらえるべきですね。

ところで、毛沢東と天皇は少し似たところがあります。

天皇は身近で接すれば、人間としていい点もあり弱点もある、ごくふつうの人間のはずです。でも、遠くからみると理想化されて、人間以上のものになるという二重の存在である。新憲法では「国民統合の象徴」とされますが、それは昔の言い方では、人間を超えて半分「神」だということです。

毛沢東もナショナリズムのリーダーであり、ヒーローであり、半分、皇帝のような立場になった。人間でありながら人間でない状態が生じる。毛沢東を身近で知る人びとは、冷酷だとか怒りっぽいとか、人間的な欠点をいろいろ見つけることができる。冷静に考えれば、毛沢東は多くの間違いを犯してもいる。ふつうの政治的リーダーなら、それを批判すればいいわけだが、毛沢東に対してはそれができない。

毛沢東の死後、中国共産党は会議を開いて、毛沢東は「功績七割、誤り三割」と決め、それが公式見解になった。功績七割には同意できない人が山のようにいるはずだが、それでも毛沢東を否定できないのは、毛沢東の権威のうえに中国共産党が乗っかっていて、現在の体制もそうして維持されているから。

これは、習近平が毛沢東の権威を利用しているという話ではない。反習近平の人びとも毛沢東の権威は否定できない。中国共産党を続ける限り、この構造から逃れられない。

三島由紀夫は天皇主義者でした。生身の人間としての天皇についてはとても冷静で、欠点が多いとみていた。でも人間を超えて、ナショナリズムの中心にあった天皇を否定できなかった。だから天皇主義者だったのです。

これとよく似たロジックで、中国をネーションとして維持しなければと思う人びとにとって、毛沢東は天皇以上に踏み込めない存在なんです。それが前提で中国共産党ができあがっている。そう考えると、中国が日本人にも理解しやすくなるのではないでしょうか。

峯村　重慶市トップの書記を務めていた薄熙来《はくきらい》が失脚前の2010年ごろ、毛沢東時代の革命歌を歌わせる政治キャンペーン「唱紅」を展開しました。私も現場を取材したことがあり、50代から60代くらいの中高年の男女が集まって、熱狂的に歌っていたのを覚えています。たしかに毛沢東には過ちがあったが、いまでも崇拝の対象なのです。

いっぽうで、天皇と毛沢東の決定的な違いもあります。日本人にとっての天皇の存在の大きさを私が実感したのが、2011年の東日本大震災でした。地震発生から5日後には「被災した人びとが決して希望を捨てることなく、身体を大切に明日からの日々を生き抜いてほしい」というビデオメッセージを出し、国民の安寧を祈った。その後も連日のように被災地の避難所などに足を運んで、慰問を続けました。まさに日本人にとって天皇は有事の際の心の拠り所であり、国民統合の「静かな象徴」でもあるのです。

これに対し、中国人にとっての毛沢東は、「熱狂の象徴」なのだと思います。より人間の欲望やグロテスクな面が前面に出ているように感じます。その極限状態が、二章で論じる内容ですが、1960年代に始まる「文化大革命」なのです。毛沢東を崇拝した大衆が国家体制を覆《くつがえ》す異常なムーブメントを引き起こした。毛沢東に洗脳されて運動の中核にいた若者が、いまの中国を動かしている中枢を担っていることは重要なポイントです。

橋爪　遠藤誉氏は、戦後も中国東北地方に残って新中国式の教育を受け、中国が世界でいちばん素晴らしい国で、毛沢東は立派なリーダーだ、と純粋に思っていたそうです。

いまは中国を批判的に論じておられますが、それでも何かの折に毛沢東時代の歌が聞こえてくると、急に胸がジーンとして昔の気持ちに戻ることがある、とおっしゃっています。合理主義で科学者で、中国共産党に批判的な人でもそうなんですね。

当時の保育園や学校には毛沢東の肖像がかかっていて、毛沢東の「好孩子《ハオハイズ》」（よい子ども）として育てられた。その世代が、文化大革命をどのように巻き起こしたのか、のちほど詳しくみていきたいと思います。

1949年10月に天安門で中華人民共和国の建国式に出席した毛沢東（左）と周恩来（右）

2009年、訪日して天皇陛下（当時）と面会した習近平

第二章

狂気の文化大革命

橋爪　文化大革命は、世界史でも稀にみる大惨事です。

毛沢東は新中国を樹立した。国民党の蔣介石を台湾に追い出し、社会主義建設をまず順調に進めて、指導者として尊敬されていた。その彼がなぜ、無謀とも思える「文革」を発動したのか。

文化大革命を理解するには、その前段の「大躍進政策」にも目を向ける必要があります。農作物と鉄鋼製品の増産政策ですが、その結果、数千万人が餓死したという悲惨な政策です。この章では、これらをじっくりふり返りたいと思います。

峯村　私は習近平の思考や行動様式を考えるうえで、文革は最も重要だと考えます。10代の多感な時期に、『毛沢東語録』を徹底的に頭に叩き込まれた。いっぽうで、父親で副総理を務めた習仲勲が失脚したあおりで、習近平自身も内陸部・陝西省の農村に「下放《かほう》」され、農業労働を強いられました。ほかの親族らも市中を引き回されたり、拷問されたりするなど、ひどい仕打ちを受けました。こうした惨状を目の当たりにした習近平は、毛沢東に対し、畏怖の念と復讐心を抱き、「いつか毛沢東を超える」と考えたというのが私の仮説です。

橋爪　では、毛沢東による中国共産党の国づくりから話を始めましょう。

地主を打倒し、資本家を騙す

橋爪　1949年に中華人民共和国が成立すると、人びとは、「過去100年、こんなにいいことはなかった」と喜びました。1840年の阿片《あへん》戦争から数えて1世紀あまり、中国は英国、ドイツ、ロシア、フランス、日本に国土を割譲や租借のかたちで奪われることになり、列強の半植民地状態にされ、屈辱と苦難を重ねてきた。抵抗して立ち上がった若者は捕らえられ死刑になった。民衆は戦乱のなか逃げまどった。そんな繰り返しでした。

1927〜1937年の中国国民党と中国共産党の間での第一次国共内戦を経て、毛沢東の中国共産党は、中国本土の支配権を確立した。しかし、人材も資源も不足していました。人口は多いけれど、知識人が足りなかった。

峯村　中国共産党に敗れた蔣介石の国民党政府が台湾に逃れたことで、国民党系の知識人も中国大陸からいなくなり、人材はより不足していたはずです。

橋爪　そこで、数少ない知識人をどしどし入党させる必要があった。結果として、これから国づくりに関わろうとする意欲のある人びとが大勢、党員となりました。

中国共産党でものを言うのは、入党年次です。新中国成立前、つまり１９４９年より前の入党だと偉いとされた。古参党員ほど評価されるシステムなのです。

党員は、党内でしかるべき地位につかないと、たとえば国営企業でいいポストは得られません。中国は、日本に比べてはるかに能力主義、実力主義の社会で、上層から能力があると評価されると、抜擢人事で重要なポストを与えられるのです。能力の証明はどうやるか。伝統中国には科挙があったが、中華人民共和国の建国当時はそれにあたるものがなかった。そのため、国内外の学歴のある人や、科学者・技術者みたいな立場の人が、さまざまなポストに就きました。

あと、当時の中国は、農村と都市の二本立てになっていました。

中国共産党は、農村の「解放区」を基盤にしていた。「解放区」では、地主の土地を取り上げて、農民に分配します。権利書も作成して、農民に配る。農民は喜んで生産性も上がる。こうして新中国はスタートしました。

峯村　中国共産党が国民党に反抗し、じわじわと勢力を拡大していく際に採ったアプローチが、「統一戦線工作」というやり方です。国民党の内部を分裂させたり、友好勢力を増やしたりする伝統的な手法です。共産党が「法宝」（魔法の武器の意）と呼んで最も重視する工作のひとつと言っていいでしょう。

橋爪　はい。共産党が政権をとると、それまで活動していた外国企業や国民党系の人びとはいなくなりました。そこで統一戦線工作部は、残っていた中国人の資本家に、「共産党に協力しませんか」とはたらきかけた。ダンスパーティーなどを開いて手なずける。都市部に工場設備をもっていた資本家は、それならと「民族資本家」になります。その後も、「工場を国に寄付しませんか」「寄付しても社長を続けられます」「現在の邸宅に住んだままでいいですよ」などと秋波を送る。そこで工場を寄付すると、私有財産がなくなります。高級時計や金目の家具なんかも供出させられた。

そのあとも、「元資本家なのか」「いつまで大きな邸宅に住んでいるつもりだ」という話になって、気がつけば〝ただの人〟になっている。都市部はそんなふうに社会主義になった。つまり統一戦線工作部は、資本家を騙《だま》して財産を没収する係だった。中国共産党はこうやって、ありったけの資源をかき集めながら、社会主義建設を進めたんです。

習近平は統一戦線工作のプロ

峯村　統一戦線工作部は、中国共産党を理解するうえで非常に重要な組織です。当時の資本家の取り込みだけでなく、現在でも台湾をはじめ、日本やアメリカなど、世界に対しても統一戦線工作を仕掛けています。

この統一戦線工作部に、前例のないくらいカネと人員を注ぎ込んでいるのが習近平です。

ここで、私が最初に習近平と会った時のエピソードを紹介します。２００７年10月の第17回共産党大会で、習近平は最高指導部の政治局常務委員に抜擢されました。私は党大会の分科会で、数メートル先に座っている習近平を見ました。丈が合っていないのか、ズボンの裾は膝下までずり上がっており、頭の後ろには寝癖がついていました。次期国家主席候補ではありましたが、正直言って、「どん臭くてパッとしない」というのが私の第一印象でした。そこで習近平の能力や人となりについて、複数の共産党幹部らに尋ねました。「彼を侮《あなど》ってはいけない。我が党内で台湾問題に最も精通している傑物だ」という答えが異口同音に返ってきました。習近平は南部の福建省で17年間も勤務していました。実は台湾の対岸に位置する福建省には、台湾向けの統一戦線工作の拠点が置かれています。つまり習近平は長年にわたり、対台湾統一戦線工作に従事していた「プロ」なのです。

橋爪　習近平が、対台湾の統一戦線工作を率いていた！

峯村　建国当時の共産党幹部らが、国民党員や資本家に対してやったような工作をしていたのです。習近平は福建省時代、台湾のビジネスマンや退役軍人と日夜、酒を飲んだり、ゴルフをしたりしていたそうです。台湾内部の情報を集めるだけではなく、台湾企業に補助金を出すなどの優遇政策をちらつかせたり、協力者として取り込んだりする工作をしていたのでしょう。

同時に、「我が党は台湾との平和的統一を望んでいる」「台湾が独立を宣言したら即戦争になる」など、中国共産党としてのメッセージを台湾側に流し込む作業もしていました。こうした工作を20年近くやってきた習近平は、約1億人の党員のなかで、誰よりも台湾の情勢や人びとの特性を理解している、といっても過言ではないでしょう。

こうした統一戦線のアプローチは、インテリジェンスの業界では「MICE工作」と呼ばれています。M＝マネー（買収）、I＝イデオロギー（共産主義思想への共鳴）、C＝コンプロマイズ（ハニートラップなども使い、壊柔する）、E＝エゴ（自己顕示欲をくすぐる）、の頭文字をとったものです。相手の弱みや欲望に付け込んで、取り込みを図るやり方です。ターゲットとしているのは、敵でも味方でもない、いわば〝グレー〟な立ち位置にいる人たち。なかでも重視しているのが、辞めたばかりの台湾軍の人びとだそうです。彼らにアプローチをして機密情報などを引き出しているケースが目立ちます。2023年1月には中国側に機密情報を渡したとして、4人の台湾軍将校らが拘束されたほか、台湾国防部のナンバースリーまで「中国の統一戦線工作に便宜を図った」として取り調べを受けています。「人脈を活用して、情報を売ってくれたら、対価として高い金額と安定した暮らしを提供する」などの甘いささやきをするのが、統一戦線工作のやり方です。

日本の自衛隊も他人事ではありません。退職した自衛隊員に中国軍系の団体が接触したり、「講演会」や「顧問料」の名目で報酬を支払ったりして取り込みをしているという情報を私はいくつか知っています。現役時代はたくさんの部下を従え、秘書や車が付いている、特に将官クラスのような高官が退職して無職になると、そのすべてを失ってしまいます。そうした「心の隙間」を埋めるように、中国の統一戦線工作部員がさまざまな便宜をささやくわけです。

いずれにしても、中国共産党は結党してからいまにいたるまで統一戦線工作を得意として、その真価を発揮しているのです。

大躍進でなぜ、何千万人も死んだのか

橋爪　新中国の始まりのころに、話を戻しましょう。

とにかく建国当時は、技術者も資源も足りない。そこでソ連から、技術支援のために大勢のロシア人に来てもらったり、援助物資を送ってもらったりした。

でもソ連にも、そんなに余力はなかった。また、実際につきあってみると、ロシア人と中国人はなかなかウマが合わない。すぐモメてしまう。結局、建国後10年ほどで、ソ連の技術者は帰国してしまいます。設計図ももって帰ったというから、ケンカ別れです。そのあとは全部、中国人が自力でやらないといけなくなった。毛沢東のいう「自力更生」です。

毛沢東が「大躍進」の号令をかけたのは1958年。新中国がスタートしてから間もなくのことです。この大躍進政策によって、中国はたいへんなことになりました。

峯村　毛沢東の大躍進政策からは、フルシチョフへの強烈な嫉妬心が感じられます。

１９５３年にソ連の最高指導者になったフルシチョフは、１９５６年に「スターリン批判」を始め、ソ連は個人独裁体制から集団指導体制へと舵を切りました。「ジュニアパートナー」と見ていた中国に対しても、フルシチョフはスターリン主義との決別を求め、これを受けた中国共産党は、中国共産党規約から「毛沢東思想」の文言を削除し、個人崇拝を禁止しました。

当時、毛沢東は「百花斉放百家争鳴（人民からのありとあらゆる主張を受け入れる）」を提唱し、共産党への批判も歓迎するとしましたが、批判が大きくなると今度は態度を一変させ、共産党を批判した人を「反革命分子」「右派分子」などと呼んで弾圧し始めた。50万人と言われる学生や知識人が、思想を「矯正する」として地方に送られ、強制労働を課されました。

こうして独裁体制を固めた毛沢東は、１９５７年11月にモスクワで開かれた（社会主義国の）共産党・労働者党会議に参加しました。「ソ連は15年以内にアメリカを追い抜く」というフルシチョフの発言に対抗するかたちで、毛沢東も「中国も15年以内に（当時世界第2位の経済大国であった）イギリスを追い抜く」とぶち上げました。
そうして始まったのが大躍進政策だとすると、まさにフルシチョフに対する嫉妬が口火を切ったと言えそうです。

橋爪　農作物と鉄鋼製品の増産を図ろうとした「大躍進」でいったいどれほどの人びとが亡くなったか、よくわかっていません。5000万人か、もっと多いかもしれない。
中国では大躍進の被害を、「三年大災害」といいます。天候不順による天災で、農作物がとれなかったから餓死者が出た。共産党のせいではないのだ、と。でもどう考えても、共産党が農民から食糧を取り上げて、殺しているんですよ。

峯村　大躍進が始まったのは、毛沢東の個人崇拝政策がいちばんきつく行なわれていた時でもありました。

橋爪　誰に責任があるかと言えば、毛沢東なのは明らかです。でもこのことを、いまなお中国の人びとは直視できていません。日本人も宣伝に惑わされないで、真相を知るべきでしょう。
ただ、毛沢東自身、農民を殺そうと思って大躍進を言い出したわけではありません。そのメカニズムを、いろいろな資料や証言から再構成すると、おおよそこうです。

毛沢東がまず、「生産力をあげてイギリスを追い越す」とぶち上げた。経済を理解しない暴論です。でも中国人はみな、全力で協力しなければならない。「無理です」「できません」と言えば、反革命になってしまう。言うことを聞くしかない。

農産物の収量を増やすため、苗を密集させて植え、収量を倍増させる珍奇な農法が提案された。人海戦術の土木工事にもかり出された。

輝かしい成果が上がって収穫が増えました、という報告が上がってきた。豊作だ。地方政府はこぞって数字を水増しした。メディアは党中央の宣伝部が押さえているから、ほんとうのところは伝わらない。数字の嘘が積み重なったのを、誰もチェックできなかった。

峯村　書類上では、「大豊作」となってしまいましたから。

橋爪　農村では集団化が進められていて、農民は自宅で食事をするのが禁じられ、人民公社の食堂で一緒に食事をしていた。最初のうちは大躍進で豊作ということになっていて、みんな食べまくった。

でもだんだん、食糧が足りないことがわかってきました。政府は水増しした報告にもとづいて、徴収税額を決めます。仮に2倍に水増しして、税率が50%だとすれば、農民の手元には何も残りません。それに近いことが、あちこちの農村で起こった。農民は、収穫を隠しておこうとした。でも人民解放軍がやってきて家中を捜し、収穫を根こそぎもち去った。倉庫に収穫物が山積みでも、鍵がかけられてしまい、農民は飢えていったのです。

食べ物がなくなった農民は、雑草や木の皮を食べるほど、ひどいことになった。飢え死にした人間の肉を食べることもあった。極端な場合には、親同士が子どもを交換して、殺して食べたともいうほどです。

峯村　鉄の生産量を増やすのに奨励された「土法高炉」は、大半がレンガを砕いた石と砂を混ぜただけのもの。工場ではなく農村で大量に作られ、粗悪な鉄が中国全土で生産されていたそうです。素人が作る鉄では使い物にならないから、農民が使う釜や鍋、鍬《くわ》や鋤《すき》まで供出させたという。それでは農作業そのものができません。

さらに毛沢東は「四害駆除運動」を始め、ネズミ、ハエ、蚊に加えて、スズメを中国全土から駆除しようとした。中国全土で、スズメを殺して集めて、人民はその数を競ったんです。それによって中国のスズメの個体数が激減し、天敵のいなくなったイナゴやバッタが異常発生することになった。その食害のため農業生産は落ち込んで大飢饉《ききん》が起きました。

権力闘争へのすり替え

峯村　そんな馬鹿げた政策なのに、誰も毛沢東を止められなかったのは、このころに毛沢東にすべての権力が集中する「一強体制」が確立されていたからでしょう。当時の国防部長で毛沢東の右腕だった彭徳懐《ほうとくかい》が1959年、廬山《ろざん》会議の席で実地調査の結果を報告して、「ひどいことになっています。大躍進をやめましょう」と進言しました。すると、毛沢東は完膚なきまでに彭徳懐とその部下らを叩きまくった。その結果、彭徳懐は失脚に追い込まれました。

橋爪　井岡山（江西省の山間部）のゲリラ時代（1927年に毛沢東は労農紅軍を率いて同山を根拠地に革命の実験を始めた）から毛沢東を支え、朝鮮戦争では中国義勇軍の司令官も務め、勇敢で人望の厚い軍人だった彭徳懐ですが、その率直すぎる諫言《かんげん》が毛沢東の逆鱗《げきりん》にふれ、こっぴどく批判され、打倒されてしまいます。文革の時にもひどい扱いを受け、監禁状態のままみじめに病死したのもこのためです。代わりに軍の実権は、林彪《りんぴょう》が握ることになりました。

　廬山会議は、大躍進を総括し、毛沢東を批判するはずが、あべこべに、毛沢東の主導する権力闘争にすり替えられた。これが大躍進の開始から1年後の出来事です。その翌年も大躍進は続けられ、1961年にようやく終わりますが、それまでに数千万人がもう死んでしまっていました。

　農民は本来、食糧がなくなれば、村を捨ててよそに逃げ出すものなんです。そうやって自分と家族の生命を守った。清朝でも、明や宋も、ずっとそうだった。ところが中華人民共和国では、解放軍の兵士が銃をもって並び、逃げたら撃ち殺すぞと、移動を禁じたのです。だから大躍進は、中国共産党が農民を踏みつけにした人殺し政策なんです。それ以外の何ものでもない。

峯村　この期間に何人が亡くなったか。中国政府の資料である『中国統計年鑑』などを見ると、大躍進の期間だけで1700万人くらい人口が減っていることがわかります。いくつかの中国共産党の内部文書では、だいたい4500万人が犠牲となったという統計もあります。

先ほど橋爪先生がおっしゃった人肉食の被害や、飢餓で子どもが生まれなかったことなども加味すると、その倍は亡くなっているとの指摘も可能になる。その意味で、毛沢東の責任は非常に大きいと言わざるを得ません。

橋爪　しかしそのことを共産党は、認めていないないし反省もしていない。大躍進政策の後始末に、毛沢東に責任を取らせるのが順当だったのです。でも、それをすると、中国共産党や中華人民共和国の正統性に疑問符が付くことになる。だからできなかった。

それなら、毛沢東を名誉職の国家主席に棚上げし、党中央軍事委員会主席と政治局常務委員から退かせて、実権を奪えばよかったのです。そうすれば、共産党は軌道修正ができた。でもそれを怠った。それだけのことを、できる人がいなかった。

峯村　当時の文献を見ると、私は後者、「できる人がいなかった」のだと思います。やはり、1959年に大躍進政策の中止を進言した彭徳懐が失脚させられたことが大きい。

ただ、ひとつ補足すると、1962年の中央拡大工作会議（七千人大会）で、第二代国家主席の劉少《りゅうしょう》奇《き》が大躍進による飢饉について「三分の天災、七分の人災」と評価し、党中央の誤りを認めました。それを受けて毛沢東は自己批判を行ない、いちおう、総括をしようとしていた。しかし、結果から見ると毛沢東の自己批判はあくまで〝したふり〟であって、その後の文化大革命では劉少奇への攻撃を始めました。

橋爪　毛沢東の権威を傷つけるようなことを考えたり、実行したりするのは、反革命そのものなんです。天皇制でいうなら大逆罪みたいなものです。ふつうの人は恐ろしくて、とてもできない。毛沢東の権威を相対化できない構造になっていったことが、中国の過ちをとても深くしたと思います。

大躍進の後始末ができずに、権威主義的な政権がずっと続くことになったので、文化大革命を避けることができなかった。数千万人の人命をもう一度犠牲にし、国の資源と10年間の時間を浪費した。最悪の結果となったわけで、中国の人びとがこんなに過酷な歴史をたどらざるを得なかった運命を思うと、暗澹《あんたん》たる気持ちになります。

習近平の「一強の罠」

橋爪　いまの習近平体制の経済政策で、大躍進に通じるところがありますか。

峯村　先ほど橋爪先生がおっしゃっていた、収穫量を水増し、誤魔化すような統計の捏造《ねつぞう》は、最近の中国政府内ではびこっているようです。

習近平政権の2期目までは、中国特有の「算出方法」で統計を出してきました。たとえば失業率に関しては、求職者の母数から大学院への進学希望者を除くなど、西側諸国とは異なる計算方法をしていました。ただ、そのことを織り込んでバイアスを引いて計算し直せば、〝真水〟が見えてきます。

ところが最近、特に習近平政権の3期目がスタートしたころからは、独自の「算出方法」ですらでっち上げられるようになっているようです。先日意見交換をしたアメリカ政府関係者も「中国経済の実情がまったくつかめなくなった」と嘆いていました。たとえば、経済成長率についても、「国民や市場が動揺しないように5%と言っておけ」と決めているのでしょう。こうした「数字の捏造」は、大躍進政策と重なって見えます。

そしてもうひとつ、当時の毛沢東と習近平の類似点として「一強の罠」が挙げられます。2015年に出版した拙著『十三億分の一の男――中国皇帝を巡る人類最大の権力闘争』（小学館）のなかで、現体制の最大のリスクは「強すぎる習近平である」と指摘したのも、まさに毛沢東の大躍進を研究している最中に頭に浮かびました。

習近平が毛沢東的な一強の象徴になったのは、2022年10月の第20回党大会です。党中央から、ほかのライバルは完全に排除され、「超一強体制」が完成しました。当時の毛沢東の時は、周恩来や林彪ら実力のある部下がいましたが、いまの習近平の周りには「イエスマン」しかいません。相対的な党内のパワーでは、毛沢東よりも習近平が上回っていると言ってもいいでしょう。

ところが、この党大会の1か月後に「白紙革命」が起こりました。これは、新型コロナ対策としての過度なロックダウン（都市封鎖）に対して、中国各地で市民が抗議運動を展開したものです。

橋爪　白紙運動では、何も書いていない白い紙を無言で掲げる学生らが、中国各地に出現しました。

峯村　ほとんどが真っ白い紙を掲げていたのですが、私は一部の学生が2つのことを書いて掲げていたのを見つけました。ひとつは「中国共産党の打倒」、もうひとつは「習近平、退陣しろ」だったんです。このインパクトは大きい。

1989年の天安門事件に参加した人たちの話を聞く限り、当時は「中国共産党の打倒」や「鄧小平の退陣」を求める人はほとんどいなかったそうです。学生たちが求めていたのは、「政治の民主化」であり、「生活の改善」といった要求だったのです。それが「白紙革命」の後半は「中国共産党打倒」という主張になった。中国共産党の歴史のなかで、「共産党の打倒」を謳《うた》った抗議運動はきわめて珍しいのです。

ではなぜ、「白紙革命」が天安門事件と比べて早期に収束したかというと、中国ではＡＩ（人工知能）が搭載された2億台とも言われるカメラが全国いたるところに設置され、ネット規制も強い「超監視社会」が構築されているからです。デモに参加した市民はすぐに警察当局に特定されて事情聴取されています。もし、こうした監視体制がなかったら、「白紙革命」は全土に広がり、共産党体制を揺るがす事態に発展していたと私はみています。

まさに習近平がパワーの頂点を極めた直後に問題が発生した「一強の罠」に陥っていると言っていいでしょう。今回の「白紙革命」を通じて、中国に人びとの共産党と政府に対する強い不満がくすぶっていることがわかりました。これを「超監視社会」で、力ずくで抑え込んでいるのがいまの中国の現状なのです。人びとの膨らみ続けているこうした不満が、どのように爆発するのか。非常に予測は難しいと思います。

毛沢東への「忠誠心」

橋爪　大躍進の傷もようやく癒えかかった1966年、毛沢東は突然、「プロレタリア文化大革命（文革）」を始めました。毛沢東が組織したのは、共産党の外側の「任意団体」である紅衛兵です。彼らが『毛沢東語録』をふりかざし、教員を吊し上げ、街頭をわがもの顔でのし歩き、共産党幹部の批判に押しかけ、政府機関を機能不全に陥れたのです。

労働者階級であるプロレタリアの前衛が共産党で、その共産党が資本家階級（ブルジョワ）を打倒し、革命を進めるのがマルクス・レーニン主義です。ならば、人民・一般大衆が共産党を攻撃するなんて、ありえない運動です。そのありえない運動が起こって、あっと言う間に中国全土に広まった。このことが実に不思議です。

この運動は、どうやって正当化されるのか。

簡単に言うと、「中華人民共和国が成立し、中国共産党が政権を握っても、階級闘争は終わっていないのだ」とすることです。もともと毛沢東は、それっぽい論文を書いてはいました。共産党の内部に「ＡＢ団」などの反革命陰謀集団がいるとして、粛清を繰り返してきました。いまもまだ中国共産党の内部に、階級の敵が潜んでいる。共産党を舞台に階級闘争を繰り広げなければならない。そのことに気づいているのが毛沢東だ、という理屈です。だから毛沢東の指示に従わなければならない。

中国共産党の内部に、資本家の手先になっている反革命の党員がいる。彼らは党幹部として、共産党を牛耳っている。みたところは、共産主義者の党員のふりをしている。それを見分けるのは難しい。

だから毛沢東に従う必要があり、毛沢東思想を学んでイデオロギー闘争をしなければならない。そして、共産党に居すわる幹部を打倒するには、毛沢東に忠実な人びとが大衆運動を起こすしかない。これが「文化大革命」です。

毛沢東がマルクス・レーニン主義の解釈権を握っているからこそ、この運動は可能になっている。なにが革命か、誰が革命的かを決めるのは、毛沢東だ。毛沢東と意見が異なれば誰ひとり、共産党のなかで生き残れない。中国共産党は、政治局常務委員の集団指導体制のはずだが、独裁制に変質してしまったのです。

峯村　文革がマルクス主義から逸脱したものであるというのはまさにそのとおりです。一強体制を強固にした毛沢東時代に、大躍進から文革へとつながった歴史の連続性で言うと、いまの習近平体制も似通った動きをみせています。

2023年10月に北京で開かれた「全国宣伝思想文化工作会議」の最中、序列5位で中央弁公庁主任の蔡奇《さいき》は「習近平総書記が、新時代の文化に対して打ち立てた思想が非常に奥深い」という演説をしました。「文化建設」や「文化思想をつくらねばいけない」とも発言し、「文化」という言葉を何度も使っていたのです。

この蔡奇という人物は、序列5位ではありますが、習近平の汚れ仕事を一手に引き受けている側近中の側近です。北京市党委書記を務めていた時には、習近平が「街を綺麗にしろ」と言ったら、街中の看板や低所得者層が住むバラック街を一斉に撤去するなど、強権を発動していました。習近平の忠実な部下ではあるけど、北京市民から評判の悪いトップでした。

その蔡奇があえて文革を想起させる「文化」を何度も使ったことに非常に注目していています。実際、習近平政権が進める「習近平新時代の中国の特色ある社会主義思想」というキャンペーンは、文革と一緒じゃないかと指摘する中国の人も増えています。

中国のSNSやインターネットでは「文化大革命」「文革」は禁止ワードになっています。禁止にしているのは、文革が共産党体制に影響を及ぼす敏感な言葉であると同時に、習近平がそれを意識した新たな政策を実行していることの証左とも言えるでしょう。

橋爪　文化大革命の「文化」とは何か。経済でも政治でもありません。文化を革命するという。つまり、頭の中身、思想のことです。

ある人が中国共産党に従い、財産は国家に提供し、もっていた政治権力も手放した。でも、思想が間違っています、と言われた。間違った思想は直さなければならない。どんな手段があるか。教育です。文革の当時は「労働改造所」（労改）という施設に送られ、自由を奪われ、施設の教育プログラムに従って過ごす。許してもらえれば、社会復帰ができます。でも、許してもらえないかもしれない。暴行を受けて障害者になったり、結局は抹殺されたりしてしまう可能性もあります。

現在、新疆《しんきょう》ウイグル自治区で行なわれていることがまさにそうです。イスラム教徒であるウイグル人を収容所に送り、共産党にとって望ましい考え方や行動様式を植え付ける。何年か経って、〝改造〟されていたら社会復帰できるかもしれない。でもそうなる保証はない。出所できないかもしれない。これが、「文化」の「革命」なのです。

ではなぜ、文革の時代、ふつうの中国の人びとの考え方までが問題になったのか。

峯村 橋爪先生のおっしゃる「文化」とは思想であり、それを改造するということは洗脳そのものなのです。文革当時、「文化が足りない」という言葉が意味したのは、「誰が中枢なのか」「誰が権力のトップなのか」がわかっていない、つまり、「毛沢東に対する忠誠心が足りない」ということとほぼ同義でした。

その点でも、いまの習近平が共産党内でやっていることと結構似ています。現在、政府や軍、国有企業の職員らを対象に「習近平思想学習会」を内部で頻繁に開いています。部署によっては、年間で数か月に及ぶこともあるようです。「習近平に対する忠誠が足りないから勉強しろ」と習近平の語録を読ませたりするのは、『毛沢東語録』を読ませ、暗唱させた文革を想起させます。

恐ろしい「個人档案」

橋爪 文化大革命のころに問題とされたのは、党の幹部たちの「特権」でした。

特権はたしかにあったと思います。まず、党の幹部は、経済的に豊かである。食糧や衣料品、住宅、居住地域からして一般の人びととは違う。その子どもは幹部専用の保育園に通えたりしました。革命初期は、現物給付の世界です。配給の待遇が違うのです。

そうすると、共産党の幹部は、革命のために幹部をやっているのか、共産党幹部にだけ許された特権目当てで幹部をやっているのか、だんだん区別がつかなくなります。

どうも毛沢東は、そういう幹部を毛嫌いし、憎んでいた。資本主義が復活している。自分のことは棚に上げてね。だから紅衛兵をけしかけて打倒したのだと思います。

その打倒の手段として使われたのが、共産党の幹部全員にひとりずつ作られていた「個人档案《とうあん》」です。英語に訳すとパーソナル・ドキュメント。紅衛兵は、目当ての幹部の思想や作風を攻撃したくても、材料がありません。そこで誰かからこっそり、「档案」のなかみを教えてもらう。幹部の档案を見ることができるのは、もっと上の幹部ですから、党内闘争で政敵を打倒するための道具になったのです。

この「個人档案」は共産党のかなり古い時期、おそらく新中国の設立よりずっと前、国民党と合作したり闘争したりしていた時期からあった。党員全員について作られて、国民党のスパイに対抗し、共産党の組織を防衛するために用いられた。そこには、親戚が国民党員です（そういう例は多い）とか、出身が地主ですとか、資本家ですとか、過去にこんな不祥事を起こしましたとか、こんな功績がありましたとか、あらゆることがずらっと書かれている。これを、共産党の档案館などから手に入れて、高位幹部が紅衛兵に内容を漏らす。すると、紅衛兵は幹部の家に押しかけて「おまえの父親は資本家だろう」「おまえの弟は台湾に行っただろう」「おまえは大学でいい身分だったじゃないか」などと、あることないことを言って辱《はずかし》め、家中を叩き壊して暴れ回ったりして、耐えがたい精神的ストレスを与える。これが、文化大革命です。

紅衛兵のこうした攻撃は、党の高位幹部に協力者がいないとできない。つまり、実態は特定の幹部を標的にし、辱めて打倒するという、党の分裂だったんです。

峯村　文化大革命を「党の分裂」とみると、習近平の権力闘争と似ているところがあります。習近平の場合、打倒したい幹部がいたら、その理由に使われるのは「汚職」です。

橋爪　汚職の場合、紅衛兵の代わりに活躍するのは、党の紀律検査委員会などの秘密警察組織ですね。この委員会は、党中央にあり、省や市にも張り巡らされています。

だいたい党幹部は、出所のはっきりしない副収入や重大な紀律違反など、探せば誰にでもあるものなんです。だから、中央紀律検査委員会の元締めである習近平がその気になれば、恣意的に誰でもつかまえて違反を問い、政治生命を絶つことができる。

文化大革命はそこまで洗練されていなくて、素人の紅衛兵を動員し、秘密になっていた個人情報で揺さぶった。党のために必死ではたらいてきた良心的でまじめな党員まで、大勢打倒されてしまいました。こちらのほうが罪が重いと、私は思います。打倒された人びとに責任がないからです。

汚職の摘発は、運の悪い人がつかまっているだけみたいですが、それでも本人に何がしかの責任がある。そこが、文革との違いです。

峯村　いまでも档案は存在しますが、文書ではなくデジタル化されているようです。橋爪先生のおっしゃるように、その使い方はほんとうに恣意的です。

文化大革命においても、毛沢東もしくはその周辺が、政敵たちの档案に基づく情報を意図的にリークして、紅衛兵らに打倒させていました。まさに権力闘争そのものだったのです。

その点でも習近平の権力闘争と重なってきます。2012年に党総書記に就任した直後から、反腐敗キャンペーンを展開し、「トラもハエも退治しろ」との大号令のもと、1期目の5年間で25万人もの党員・幹部を逮捕・処分しました。重慶市党委書記の薄熙来、軍制服組トップの徐才厚《じょさいこう》、政治局常務委員だった周永康《しゅうえいこう》までターゲットになり、失脚に追い込みました。そうした政敵をことごとく潰したという点で言えば、習近平の反腐敗闘争は文革と相似形であるとの解釈が成り立つと思います。

習近平は〝第二の文革〟をやるのか?

橋爪　文化大革命は、習近平の反腐敗キャンペーンほど洗練されていなかったので、攻撃が激化するうちに、誰が誰を打倒するのかよくわからなくなった。コントロール不能な状態になった。

紅衛兵の拠点は学校や工場です。そこで顔見知りが集団となって、徒党を組んで活動する。通常なら党組織のもとに統制がとれているはずが、紅衛兵はその党を攻撃するので、指示系統はあってないようなもの。毛沢東の指示により、文革を支持する共産党幹部が反対派の幹部を打倒するという流れですが、文革派の幹部がほんとうに毛沢東につながっているのか、実はよくわからない。

天津市を例にとれば、市長を打倒して次の市長が担ぎ出されますが、また打倒される。その次も同じ。打倒するタネはいくらでもあるから、ちょっとした路線の違いや争いがあれば、すぐ打倒されてしまう。

そうした打倒の連鎖が起こると、毛沢東が「走資派」（共産主義体制の資本主義への転換を目指すもの）のレッテルを貼って打倒しようとした劉少奇や鄧小平など、党中央の権力闘争とはあまり関係がなくなってきます。当時は誰もが共産党の幹部としての特権の上にあぐらをかいていたとも言えるから、いつ、誰が打倒の対象になってもおかしくない。

ではどうするか。紅衛兵の攻撃を恐れる党幹部は、自分の身を守るため、自分たちの息のかかった若者を組織して、自分たちの紅衛兵をつくります。紅衛兵をどう組織するのか決まりがないから。その結果、あっちにもこっちにも紅衛兵の組織ができて、どれが正しいのかわからない。派閥抗争です。気がついてみると、いくつもの紅衛兵グループができて内乱状態になる。紅衛兵の敵は「反革命」なので、武闘で相手をやっつけるしかない。だから、文革では大勢がリンチを受けたり、殺害されたりしました。銃で撃ち殺されたりもした。銃は軍からもち出されていたらしいです。北京でも天津でも武漢でも上海でも、どこでも起こったことです。

峯村　文革において人民解放軍の存在感はあまり大きくなかったようです。

橋爪　そこは慎重に考えなければいけないポイントですね。

文革のごく初期には、軍のなかでも動きがありました。部隊に紅衛兵組織をつくろうとした。でも早い段階で、やめさせられた。人民解放軍は、文革の枠外とされたのです。毛沢東がそのように指示した。だから軍には、文革が波及しなかった。

峯村　たしかに、共産党は文革の最中でも軍のコントロールをし続けました。

橋爪　文革がだんだん混乱状態に陥って収拾がつかなくなると、軍を使って秩序を回復するしかありませんでした。軍の部隊が都市に入って、政府の機能を代替し始めます。一種の軍政です。労働者代表＋革命的共産党幹部＋軍人、の三者の結合で、「革命委員会」の看板を掲げて秩序の回復にあたった。

再び天津市を例にとると、軍人が大勢やってきて、市政府のさまざまな機関の役職に就いた。ある海軍軍人は、たまたま経済通だったので、市政府の経済セクションの責任者になりました。その後10年ぐらい、経済政策の実務にたずさわった。そのことがきっかけで、彼の一族はみんな軍服を脱いで民間人となり、保険会社や銀行に就職して幹部になっています。文革がきっかけで行政に携わるようになり、軍籍を離れて党幹部として実務を担当するようになったケースは、中国全土で見られました。

この段階になれば、紅衛兵はもう用済みです。なすことなく都市でぶらぶらする、ただのゴロツキになってしまった。そんな学校も仕事もない紅衛兵くずれの若者を、毛沢東は全員、辺鄙《へんぴ》な農村に送り込んだのです。「上山下郷《じょうざんかきょう》」です。

峯村 最近、学会などでよく指摘されることに、「習近平が第二の文革をやろうとしている」という見方があります。しかし、そうした議論で抜けていると思うのは、文革時代に青年期を過ごした人びとの「毛沢東観」です。彼らに毛沢東について尋ねると、尊敬と恐怖が入り交じった感情を抱いていることがうかがえます。

習近平に至っては、下放によって陝西省の農村に約7年間送られ、洞窟の中の住居でノミや南京虫に喰われながら生活しました。当時のいちばんの思い出について、習近平は「農民からもらった生の豚肉を食べたことだ」とふり返っています。多少誇張されている面があるかもしれませんが、辛い経験をしたのはたしかでしょう。

われわれの感覚で言えば、このような誤った政策によって犠牲になっていたら、毛沢東に対して憎しみを覚えるのが自然です。しかし同時に、この時に行なわれたのは『毛沢東語録』を暗記する洗脳的なイデオロギー教育です。それによる憎しみと尊敬がミックスした感情こそが、習近平の毛沢東観なのです。

毛沢東ばりの「習近平語録」を部下たちに学ばせたり、みなが平等に豊かになることを目指す「共同富裕」を掲げたりしている点は、毛沢東への「尊敬」の部分が反映されています。いっぽう、「憎しみ」の観点からみると、習近平にとって毛沢東は「乗り越えなければいけない対象」でもあるのです。

これについて、父親である習仲勲と毛沢東との関連性から考えてみます。習仲勲は革命時から毛沢東の忠実な部下として仕えていたにもかかわらず、文革では最も被害を被った高官の一人です。さらに母親の斉心《さいしん》も市中を引き回される拷問を受けるなど、一家はひどい仕打ちを受けてもいます。だからこそ習近平は、毛沢東にトラウマを抱いており、それゆえに「乗り越えなければならない存在」なのだと思います。

橋爪　習近平と毛沢東の関係は、習近平体制をどう見るかという点で非常に重要です。のちほどじっくり議論したいと思います。

さて、毛沢東が畏怖の対象だったのはそのとおりだと思います。

毛沢東のせいで農村に行かされた青年たちはひどい目に遭いました。都市の学校に通っていたのに、農村に送られることになり、親たちはたいへんなショックです。汽車に乗る駅では、涙、涙、また涙。中国は広くて、運がよければ送られるのは近くですが、内モンゴルとか雲南省とかだとほんとうにたいへんです。

農村に移住すると、都市戸籍（城市戸口）から農村戸籍（農村戸口）に変わってしまいます。都市に戻れなくなる。実際に戻って来なかった人も多いのです。現地で結婚して農村にそのままいる、というケースもよくある。

親たちは、党の幹部に頼みこむなど、あの手この手のコネを使って子どもを呼び戻そうとします。でも、コネのない人も多い。そう簡単にはいかない。

若者を農村にやるのは、毛沢東の決定だ。でも、こんなやり方でいいのか。毛沢東は圧倒的なカリスマをもつリーダーだから、一般の人は批判などできるはずもない。毛沢東はイデオロギーの解釈権をもっています。毛沢東の考えと自分の考えが違えば、自分が間違っていたと「自己批判」しなければならない。人びとはそうした意味で、毛沢東に対して、尊敬と畏怖という、アンビバレントな感情を抱いていました。

「ナンバーツー」の呪い

峯村　文革でそうしたひどい目に遭わされた中国一般の人から見た毛沢東と、党指導部のなかでの毛沢東観には違いがありそうです。

毛沢東は文化大革命を起こして劉少奇や鄧小平に「走資派」のレッテルを貼り、打倒しようとした。それは、劉少奇や鄧小平が大躍進政策で大打撃を受けた中国経済に、資本主義メカニズムも入れて立て直そうとしたことがきっかけでした。

劉少奇は当時、毛沢東に次ぐ序列2位でしたが、1967年には中南海の自宅にまで紅衛兵が押し寄せ、家族を逮捕された挙げ句に自宅に軟禁され、当局の監視下でひどい状況に置かれて衰弱していきました。その後、移送された後も満足な治療を受けられず、2年後には亡くなっています。そう考えると、毛沢東の文革の目標とは、「ナンバーツー」を潰すことだったのでしょう。

文化大革命の後期、劉少奇のあとにナンバーツーとなった林彪も同様です。劉少奇を失脚させた毛沢東が国家主席のポストを廃止しようとしたところ、林彪が反対した。毛沢東の批判の矛先は、それまで最も忠実な部下だった林彪に向けられた。やがて1971年の林彪による毛沢東暗殺未遂事件に発展し、最後は林彪が亡命しなければならないところまで追い込みました。林彪は亡命のために乗った飛行機の墜落により死亡しています。

そう考えると、毛沢東の大躍進、文化大革命を通じての権力闘争の側面としては「ナンバーツー」潰しがキーワードになると思います。

橋爪　毛沢東は、ナンバーツーは危険だ、という意識をもっていたと思います。

中国の歴代王朝で、ナンバーワンは皇帝。ナンバーツーは皇太子。そして、皇帝と皇太子はよく闘争になるんです。毛沢東愛読の歴史書に、そう書いてある。皇太子が自分の地位をたしかにするには、皇帝に死んでもらうとよい。いや、いっそ殺してしまおう。皇帝はそれを察して思う。ならば先手を打って殺すしかない。こうして皇帝と皇太子は、殺すか殺されるかの関係になるのです。

毛沢東はこのことを熟知していた。だから大躍進を始めたあと、腹心の彭徳懐にナンバーワンの座をひきずり下ろされそうになると、すぐさま逆襲して、本気で彭徳懐を打倒したのです。

峯村　歴代王朝時代からあるトップとナンバーツーによる血みどろの闘争は、中国共産党になっても続いていたわけですね。

橋爪　はい。違いは、王朝の皇帝は血縁で世襲される点です。命を奪い合うことになっても、ナンバーツーは必ず存在しなければなりません。

儒学の古典を開くと、尭《ぎょう》、舜、といった伝説の王は、能力のある部下を抜擢して王位を譲っています。これを「禅譲《ぜんじょう》」という。ところが舜の次の禹《う》は、禅譲をする代わりに、王位を自分の子に譲ることにした。以後、世襲になったので、「夏《か》」王朝が誕生します。それ以後、ナンバーワンとナンバーツーが角逐《かくちく》するメカニズムがずっと続くのです。中国共産党は、世襲ではないので、優秀な党員をトップの後継者に指名しなければなりません。

トップは、後継者を指名するまで絶対的な権力をもっているかもしれないが、指名した途端に後継者（ナンバーツー）がそれに匹敵する権力をもち始める、という力学がはたらきます。その点では、中国共産党でも、権力闘争の同じメカニズムがはたらいている。毛沢東も、鄧小平も、江沢民も、胡錦濤の時代も、これがずっと継続していた。

習近平もこれに倣《なら》って、2期目に入る時に後継者を決め、2期目が終われば引退するだろう、とみな予想していました。でも違った。

峯村　習近平体制を見ると、毛沢東が繰り広げたナンバーツーとの権力争いをよく学んでいるとわかります。毛沢東時代の教訓から、「ナンバーツーを置かない」ことを習近平は貫いています。習近平政権2期目には「兄貴分」だった王岐山《おうきざん》を国家副主席に据えていました。しかし、これは党内の反発が強い反腐敗キャンペーンという汚れ役をやらせることが目的でした。

だからこそ、反腐敗キャンペーンが一段落すると、王岐山の〝档案〟を出してきて、いくつかの汚職事件をもち出して、実質的に辞任に追い込みます。

そして2023年の全人代で本格的に発足した3期目では、ナンバーツーを置かない体制を築いています。

「集団指導体制」下にあった前の胡錦濤政権までは、常にナンバーツーが置かれていました。毛沢東の言ったとおり、中国共産党の支配は「銃口」がすべてなので、急病や暗殺などでトップに万が一のことがあった場合に備える必要がある。そこで「党中央軍事委員会副主席」というポストに政治局常務委員を一人置いて軍を握り、「プランB」としてのナンバーツーが制度化されていたのですが、それもなくなった。そうしたナンバーツーがいない状況であることを考えると、習近平が握る権力は、相対的には毛沢東時代をも上回っていると言えると思います。

毛沢東の後継者

橋爪　習近平は後継者を選ばないまま3期目をスタートさせ、2027年からは4期目もあるかもしれない。中国共産党にとっても変則的。習近平政権がこの先どうなるのか、予測可能性が不透明になっています。ナンバーツーを置かないのはやっぱり、やってはいけない悪手なんですね。大きなトラブルが起こると、歴史が教えています。

習近平の独裁はある意味、毛沢東以上かもしれません。でもそのぶん、リスクも大きくなっていると思います。

峯村　非常に興味深いご指摘です。その習近平は、「毛沢東のほんとうの後継者」を狙っていると私はみています。

というのも、拙著『十三億分の一の男』では、習近平にまつわる匿名の証言を多数載せています。あとでわかったのですが、その証言のなかで指導部の逆鱗に触れたものがあったそうです。

その部分とは、「習近平は『私は第五世代ではない。革命世代に続く第二世代なんだ』とよく言っていた」という元共産党幹部を親族にもつ中国政府関係者の証言です。ここで言う「世代」は中国共産党の指導者の世代を指し、第一世代が毛沢東、第二世代が鄧小平、第三世代が江沢民、第四世代が胡錦濤、と続きます。それに続く習近平は「第五世代」と位置づけられています。

『十三億分の一の男』を執筆していたのは2013年から14年にかけてでした。当時は誰も、習近平がいまのような独裁権力を握るとは思っていませんでした。「共産党史上最弱の指導者」などとも称されており、権力基盤も非常に脆弱《ぜいじゃく》だと評価されていました。

ところが実はこの証言こそが、習近平の「野望」を見事に言い当てていたのです。だからこそ、この証言に指導部がピリピリし、発言をした関係者の犯人捜しをしたのでしょう。前任の胡錦濤や江沢民のやったことなど眼中にない。ライバルは共産党の「中興の祖」である鄧小平だったのです。拙著を刊行した2015年ごろ、習近平が目指すモデルは「改革開放」で中国の経済発展をリードした鄧小平だと多くの人が考えていました。しかし、実はそうではなかった。というのも、鄧小平の一族と、習近平の一族は長年にわたり激しい闘争を繰り広げていたのです。習近平の父、習仲勲は鄧小平に二度にわたり失脚させられています。だからこそ、習近平は鄧小平路線の否定に動くと私は確信していました。実際に習近平はその後、「改革開放」と逆行するような国有企業に対する優遇策や、経済成長を打ち消すような「共同富裕」などの政策を打ち出したのです。

習近平の「自分は第二世代である」との発言は、「自分こそが毛沢東の正当な後継者である」という本音が隠されていた核心的な言葉だったのです。

橋爪　興味深い分析ですね。

ではここで、毛沢東の文化大革命を通じて、どういう人びとが表に出てきたのかを確認しておきましょう。

第一は、人民解放軍です。軍は本来、党のもとで軍の仕事をしているべきですが、そこからはみ出して、政治の実務に携わるようになった。だから、軍のパワーは、文革前よりも大きくなったはずです。

第二は、文革派です。その代表は、毛沢東の死後に逮捕された「四人組」ですね。こうした革命左派のような人びとが大きな顔をしてのし歩いた。

第三は、文革で打倒されなかった老幹部や実務能力の高い人びと。共産党の中には、そうした人びとも生き残っていた。彼らなしでは、共産党は回りません。

毛沢東は、以上3つぐらいのグループのバランスを考えながら、どこにも肩入れをすることなく、相互を牽制させる立ち位置で指導を続け、権力を維持していました。

先ほど話題になった林彪による毛沢東暗殺未遂事件など、権力闘争はいろいろありました。それでも、毛沢東を取り巻くいくつかのグループが、党内で勢力争いを続けたというのが、文革の時期の基本的な構図であると言えます。

以上は、このあとの時代を見ていくうえでも、重要なポイントになるのです。

第三章

「改革開放」は矛盾のかたまり

アメリカはソ連の情報を流していた

橋爪　文化大革命がまだ終わらない1972年2月、アメリカのニクソン大統領が中国を訪問しました。毛沢東と握手して、世界を驚かせた。共産党の中国が資本主義のアメリカと手を結んだのですから、世界史の大事件です。

でもこの米中和解は、どちらからアプローチしたのか、真相がよくわからない。

確実なところから、確認していきます。

まず、1960年代末ごろから、中国はソ連と戦争になると覚悟していた。戦争になれば核戦争です。それに人民解放軍では、とてもソ連に太刀打ちできない。

もともと毛沢東は、アメリカの核兵器など「張り子の虎」だ、と偉そうなことを言っていました。中国は人口が多いから、ちょっとぐらい死んでも平気、などと強がった。でも口だけで、内心はびくびく気が気でなかったと思う。

峯村　米中接触に至る毛沢東の動機のひとつが、ソ連に対する脅威、中ソ対立であるのは間違いないと思います。私がこれまで中ソ関係の歴史を研究してきて難解だったのは、毛沢東とフルシチョフの個人的なぶつかり合いから発展した中ソ対立が、フルシチョフ失脚後も終わらず、構造的な対立にまで発展したことでした。

その究極が、1969年に起きた、中ソ国境のウスリー川に浮かぶダマンスキー島、中国名では「珍宝島《ちんぽう》」の領有をめぐり起きた、中ソ両軍の衝突です。

このころの中国は、予算も技術もないなかで、必死に核開発を続けていました。その大きな理由が対アメリカではなく、ソ連の脅威に対抗するためだったというのは、華東《かとう》師範大学の沈志華《しんしか》教授らの調査で明らかになっています。現在、珍宝島は中国の領土になっていますが、外国メディアの立ち入りが制限されているほど敏感な地域になっていて、中ソの不信感は非常に根深いものだと思っています。

橋爪　当時、毛沢東も人民解放軍も、ソ連と戦争になると思っていた。大学生や労働者があちこちの都市で、防空壕のような核シェルターを掘るのにかり出された。けっこう本気だった。

中ソの戦争になるかもしれないことは、アメリカも気がついていた。

アメリカにとって最悪のシナリオは、戦争で中国が負けて、そっくりソ連圏になってしまうことです。できれば中国は、ソ連と対立したままでいてほしい。戦争になっても中国が負けないでほしい。そのために、何ならアメリカがテコ入れしてもいい。

冷戦を勝ち抜きソ連を打倒するのが、当時のアメリカの最大の目標です。そのためのコマとして中国を使う。「敵の敵は味方」なのです。

峯村　アメリカの中央情報局（CIA）で長年中国分析をし、『China 2049』（日経BP社）の著者でもあるマイケル・ピルズベリー氏とは定期的に意見交換をしています。ピルズベリー氏によると、アメリカは冷戦期、中国との「準同盟関係」を探ろうとしていました。

そのため、当時のアメリカが軍事情報を提供していたそうです。たとえば、ソ連軍の師団の拠点やミサイル基地、核兵器がどこにあるか、そしてそれらの脅威の評価まで中国に伝えていたそうです。

こうしたソ連軍の機密情報は、アメリカが一連の核軍縮協定に基づいて入手したものです。両国は核兵器に関する情報を交換し、人員も相互に派遣して互いの核施設を監視していました。これはあくまで両国間の信頼関係に基づくものです。

しかし、アメリカはこの重要な機密情報について、こともあろうにソ連と対立していた中国に内々に教えていたのです。信義則に反してまで中国に肩入れしたという事実からして、両国関係が「準同盟」だったといえるでしょう。

橋爪　そうです。米中関係は歴史的に「同盟」か「準同盟」なんですね。支那事変（日中戦争）が激しかった当時から、アメリカは共産党とも接触し、交流していた。第二次世界大戦後もなにかの連絡は続いていたはずで、それがニクソン訪中や米中国交回復への流れにつながっていきます。

ニクソンを籠絡した毛沢東

橋爪　当時、中ソ対立にもとづいてアメリカの戦略をデザインしたのが、アメリカの国際政治学者、ヘンリー・キッシンジャーです。ニクソン大統領は、それを採用した。ニクソンはとかく評判が悪いのですが、このあたりの感覚は、政治家として鋭かったと思う。だから、安全保障担当の大統領補佐官にキッシンジャーを抜擢できた。

キッシンジャーはいろいろなルートを通じて、中国もアメリカと手を組みたいと考えている、と察知した。ソ連に対抗するためです。そこで超極秘に、中国にアプローチをかけていった。ごく限られた人びとのあいだで相談を進め、1971年、秘密裏に訪中して周恩来と会談して、「ニクソン訪中」を発表する段取りにしたのです。

これは中国にとってどんな意味があったか。アメリカを後ろ盾にしてソ連に対抗できるので、ソ連との戦争を心配しなくてよくなった。それから、帝国主義のアメリカを敵国と考えなくてよくなった。そういう大きなメリットが中国に転がり込んだ。

これが、改革開放と現代中国の出発点です。そして、これを決めたのが毛沢東です。毛沢東でなければ、こんな決定はできない。毛沢東がなぜそんな決定をしたのか。真相はよくわかりませんが、毛沢東は文化大革命をやるような革命的ロマン主義者でありつつ、リアリストでもあったのです。

峯村　非常に興味深いです。毛沢東もニクソンも、イデオロギーよりも国際関係における力関係を重視したリアリストだったからこそ成し得た〝外交の芸術〟だと私も考えています。

ただ、二人を比べると、やはりニクソンよりも毛沢東のほうがしたたかだったようです。

ニクソンは、ソ連や中国など東側諸国に対して、交渉を有利に進めるために、いわゆる「狂人理論」、マッドマン・セオリーを採用していました。「自分は気まぐれで非合理であり、何をするかわからない」と相手に思わせて、相手国に挑発行為をやめさせて交渉のテーブルにつかせる独自のやり方です。

中国も当初は、「ニクソンは危ない」「何とかしないと中国も核戦争に追い込まれる」と警戒していたようです。ところが、アメリカ側と交渉を重ねるうちに、ニクソンが「狂人」のふりをしているだけで、交渉できる人物だと気づいたのです。

そのニクソンを完全に籠絡《ろうらく》したのが、毛沢東でした。ニクソンは1972年2月、北京を訪れて周恩来首相との会食を終えると、中南海にある毛沢東の邸宅を訪問しました。毛沢東は約1時間にわたり、自身の書物や哲学などについて語り、あえて政治問題には触れませんでした。こうした毛沢東の世界観に感銘を受けたニクソンは、会談について、「最も感動的な瞬間だった」と日記に残しています。

こうして中国側は、最も対立していた台湾問題について、「中華人民共和国を唯一の正当な政府として認める」「台湾独立を支持しない」という文言をニクソンから引き出すことに成功したのです。

「米中対立」とみるのは間違い

橋爪　アメリカは中国をコマに使うことができて、結局、ソ連を解体に追い込むことができたので、大きなリターンを手に入れることができた。

中国はどうか。ソ連が崩壊し、東欧の社会主義圏も総崩れになるなか、中国はもちこたえた。ソ連崩壊より10年も早く改革開放を進めることができたので、生き残った。中国共産党の体制は、アメリカの支援のもとで現在まで存続できている。

アメリカが中国共産党を支持するなんて、イデオロギーから考えてありえないことなんです。でもとにかく、アメリカには利益がある。そして、峯村先生のご指摘のように、毛沢東のほうが先を見ていて、中国の利益がもっと大きかったと、いまになって言えると思うのです。

峯村　冷戦後も中国が生き残ることができた最大の貢献者は、私はアメリカだと考えています。先述したピルズベリー氏によると、ソ連が1979年にアフガニスタンに侵攻した後、アメリカが中国から20億ドル分の兵器を買い上げ、それを親ソ政権に対抗する武装勢力に流し込むような工作をしていたそうです。

近現代史の文脈では、ソ連が崩壊して冷戦が終結した、と言われます。それはあくまで、「ベルリンの壁の崩壊」に代表されるように、ヨーロッパの国際関係に限った話にすぎません。

いっぽうのアジアにおいては、分断された朝鮮半島も、中国と台湾の問題も、冷戦構造がそのまま残っています。こうしたアジアにおける冷戦構造が変化したのが、2010年代に入ってからです。アメリカのオバマ政権が「アジア・リバランス」を打ち出して、これまで中東や欧州に置いていた安全保障政策の軸足を、中国を見据えてアジアに移すようになりました。続くトランプ政権がオバマ政権の政策をアップグレードした対中強硬路線に舵を切り、貿易戦争に突入しました。こうして米中は「準同盟関係」から対立関係へと変わったのです。

橋爪　もともとアメリカは、支那事変（日中戦争）の当時から中国と結構仲がいいのです。日本は、アメリカが日本を重視してくれないと気が済まない、片思いの心情がある。その分、リアルに世界を見ることができないのです。東アジアのパワーバランスや、アメリカが中国をどう見るか、中国がアメリカや日本をどう見るかを、冷静に考えられない。そこがわからないと、米中が握手するリアリズムがわからない。そのリアリズムがわからなければ、日本の立場も、日本がどう行動すればいいかも、考えようとする出発点がピンボケになるのです。

峯村　外務省で中国を専門とする幹部らと話していると、「アメリカが中国と急接近することに警戒をしないといけない」と言っているのを耳にします。この幹部たちにとってトラウマとなっているのが、民主党大統領のビル・クリントンが１９９８年、日本に立ち寄らずに中国だけを訪問したことです。１９８０年代にアメリカが日本を叩いた「ジャパン・バッシング」をもじって、「ジャパン・パッシング（日本素通り）」とも言われました。

日本の政府の人びとが「同盟国軽視だ」とか「民主党政権は親中である」と批判したい気持ちは理解できます。しかし、外交政策を考えるうえでは、精緻《せいち》な国際情勢の分析が必要です。冷戦期から続く米中の「準同盟関係」の事実を直視していれば、「ジャパン・パッシング」は想定外とはならなかった。しかも、クリントン政権には、私がハーバード時代に師事したジョセフ・ナイ、エズラ・ヴォーゲルの両教授ら「知日派」がおり、同盟関係を強化できる環境にありました。

日米同盟だけの世界観に立って、「米中は対立している」「中ソは仲がいい」と単純化して見ていては、国際関係のリアルは見えてきません。日本の政府にも民間企業にも欠けているのは、インテリジェンスへの意識と能力だと考えます。

橋爪　そう説明いただくと、霧が晴れるように思います。

毛沢東の死と、左派の排除

橋爪　さて、毛沢東がアメリカと手を結ぶのは、リアリストとしては大いにありです。でも、マルクス主義・共産主義として、毛沢東思想として、そもそもありなのか。

毛沢東思想でガチガチに武装した人びとが党中央に陣取っていると、毛沢東が決定しても、「帝国主義者となぜ手を結ぶのか」と納得できないだろう。日本だったら、「殿、御乱心」で、権力の座から引きずり下ろされてしまいます。でも中国だとそうならず、毛沢東の決定にみんな従った。

その理由は、ソ連との戦争がほんとうに切迫しているとみなが思ったからですね。人民解放軍はソ連と戦えば、敗戦して国がなくなると覚悟していた。その状況から中国を救ったのが、毛沢東の決断だったのです。人びとは、「帝国主義者ニクソンを手ゴマにして飼い慣らし、ソ連に噛み付かせた。さすがは毛沢東だ」と思ったんじゃないか。

こうして毛沢東は、国を守ったナショナリストになった。普遍主義であるマルクス主義やプロレタリア世界同時革命は、どうでもよくなったのです。これが毛沢東の本質で、中国の人びとはこれを支持したのだと思います。

峯村　毛沢東は共産主義的な社会革命からプラグマティックな路線に切り替えて、帝国主義と手を結んだということですね。理論よりも実際的なものを重視する「プラグマティック」という言葉は、中国人の気質を表わすのに最も適した表現だと思っています。だからこそ、文革のような過ちを犯した毛沢東のことを、中国人は完全には否定しきれなかったのでしょう。

橋爪　では、文革はどう終わりを迎えたか。

10年間文革を続けて、共産党には、軍の古参幹部／党の古参幹部／「四人組」に代表される極左イデオローグ、の3グループが残っていました。
1976年1月に周恩来が死に、9月に毛沢東が死んだ。するとすかさず、3グループのうち、軍と党の古参幹部が結んで、極左イデオローグのグループを排除しました。極左グループは、毛沢東に抜擢されて党中央に集まっていただけで、地方にも軍にも根がなかった。だからたちまちつかまって、排除されました。共産党が、左派のイデオローグを共産党から排除するという現象が起きたわけです。
これでも共産党は共産党と言えるのか。排除された「四人組」などのグループは、共産党のなかでも選《よ》り抜きのマルクス主義、毛沢東思想の専門家で、立派な論文がじゃんじゃん書けるイデオローグです。そういう人たちはもう用済みで、消えてください、ということになった。

峯村　共産党が路線を大きく変える転機となりました。

橋爪　左派を排除した先に何が残るか。近代化と、中国の国づくりにつながるナショナリズムです。中国共産党は、中国にはそれさえあればいいのだと開き直ったんです。毛沢東がもっていた革命的ロマン主義さえいらない、と。それが、鄧小平の「改革開放」路線に流れていくのだと思います。

峯村　ただ、中国共産党が共産主義革命を捨てたことは、ソ連崩壊後も中国は生き残ることができた一因にもなっているのだと思います。

文革を終わらせた華国鋒

峯村　改革開放の議論に入る前に、取り上げたい人物がいます。毛沢東の後継者となった、華国鋒《かこくほう》です。日本ではあまり有名ではありませんが、「ポスト毛沢東」において、重要な役割を果たしています。

橋爪　はい。華国鋒が四人組を逮捕・失脚させて左派を排除したから、文革は終わりました。

峯村　1976年1月に周恩来が死去すると、華国鋒は序列13位だったにもかかわらず、毛沢東に抜擢されて後任の総理に就きます。当初は文革を継続する四人組寄りの姿勢を打ち出していました。そしてこの年の9月に毛沢東が亡くなる直前、「你办事、我放心（あなたがやれば、私は安心だ）」という「遺言」を残したことによって、華国鋒は後継者となったのです。これまでの「ナンバーツー」はことごとく潰されてきたことを考えると、死去の間際とはいえ、毛沢東から権力を移譲された華国鋒は、只者ではありません。

そして華国鋒は後継者になると、態度を一変させます。四人組を逮捕して、毛沢東の「遺言」を根拠に、党中央委員会主席（現在の総書記）、中央軍事委員会主席、国務院総理という「三権」を独占して、権力を一気に奪取します。

さらに華国鋒で忘れてはいけないのが、習近平の父、習仲勲との深い関係です。習仲勲は文革で失脚させられ、16年間にわたり、投獄・軟禁生活を余儀なくされていました。高官の中では最後まで解放されなかった一人です。もし華国鋒が文革を終わらせていなかったら、習仲勲は釈放されずに獄死していたかもしれません。

2008年の華国鋒の死後、北京市内にある居宅を訪れたことがあります。広大な敷地に豪華な四合院《しごういん》づくりの邸宅で、失脚後も一定の力をもっていたことがうかがえます。近所の人によると、習近平の母、斉心がしばしば訪問していたそうで、両家の結びつきの強さを示す証左と言えます。

鄧小平が横取りした「改革開放」

峯村　その華国鋒を追いやって最高指導者になったのが、鄧小平です。

文革で失脚していた鄧小平はのちに復活すると、1978年にまず日本、そして1979年にアメリカを訪問し、「国際社会に協調します」「改革開放をやります」というメッセージを出し、ソフトなイメージを演出しました。日本の政府や企業はまんまとそれに乗り、「鄧小平は素晴らしい」「これで中国は変わる」と言って、政府の円借款や、民間企業も含めてどんどん中国を支援しました。

アメリカも一緒です。鄧小平がカウボーイハットを被るその姿に、エズラ・ヴォーゲル氏も「これは斬新な指導者が現われた」と思われたと言いますし、「鄧小平こそが世界を変える」と、多くの知識人が好意的に受け止めました。

しかし、私はハーバード大学に在籍していた時に、ヴォーゲル氏としばしば議論しましたが、鄧小平を過大評価していると感じることがありました。

鄧小平は国際社会にソフトなイメージをアピールするいっぽう、1979年にはベトナムに侵攻しています。表向きは、中国の友好国だったカンボジアに侵攻したベトナムへの「懲罰」が理由でした。

しかし、当時の資料などを読み解くと、人民解放軍総参謀長だった鄧小平が、「戦争を発動できる」ということを誇示することで、軍事委員会主席だった華国鋒を追い落とすことが最大の狙いでした。

鄧小平というとんでもない策士に華国鋒が打倒され、日本もアメリカもまんまと騙されて改革開放に乗った。そういう流れが真相ではないでしょうか。

橋爪　エズラ・ヴォーゲル氏の鄧小平の伝記（『現代中国の父　鄧小平』）の評判を本人に尋ねると、中国では、「鄧小平に甘すぎる」という声が多かったと言うんです。「鄧小平はもっと悪い」「裏がいろいろあるんだ」とみえるらしい。そうかもしれません。

同書には華国鋒のことも出てきます。鄧小平の陰に隠れているけれど、実は重要な改革に着手していて、なかなか筋はよかったという評価です。鄧小平がいなければ、華国鋒こそ中国の経済発展の礎《いしずえ》を築いた立派な指導者、という評価になっていたかもしれない。

鄧小平は、毛沢東の懐刀だけあって、傑出した政治力と広い人脈をもっていた。だから華国鋒は、あっけなくやられてしまった。実力がものをいう中国共産党では、やむを得なかったと思います。そして鄧小平は、習仲勲が手がけたいろいろな試みや、華国鋒が始めた改革の取り組みをみんな横取りして自分の手柄にし、「改革開放の総設計士」として大きな顔をしている。

峯村　鄧小平に改革開放の手柄を横取りされた最大の被害者こそ、習仲勲と言っていいでしょう。習仲勲は長年の軟禁生活を経て、ようやく釈放されたと思いきや、中国南部の広東省の第二書記というポジションをあてがわれました。

当時の広東省は文革でボロボロになり、何万人という中国人が香港に逃げたり、密貿易が盛んに行なわれたりして、混乱をきわめている状況でした。いわば最もリスクの高い地区に送り込まれたわけです。

そこで習仲勲は、香港の対岸という地の利を活かし、リスクもあるがチャンスもあるということで「開放」の拠点を深圳《しんせん》に置き、「経済特区」と位置づけて経済成長に道筋をつけました。この成功を受けて、鄧小平はこれを「改革開放政策」とし、自らの功績としてアピールするようになったわけです。

北京マクドナルドの熱気

橋爪　では、改革開放というものについて考えてみたいと思います。実は、こんなに不思議なものはない。本来ありえない政策なんです。

「経済特区」というものをつくって、関税をかけないで外国から原料を輸入し、加工して輸出する仕組みにした。

農村では「家族請負制」を始めた。目標の収穫量を納めたら、残りは自由市場で販売していい。どんな作物をつくるかも農民が決めていい。そこで、人民公社は解体することになった。社会主義の幕引きです。農民はがぜんやる気を出して、収穫量も何割か増えた。

それから「商品経済」の名目で、市場経済をやり始めた。マルクス主義では、重要な資源の生産や流通は、国家が管理して数量や価格を指令する「計画経済」が原則です。中国もそれをやっていた。いっぽう、食糧や日用品は現物配給制ですが、ごく一部の消費財に限って消費者が自由に購入できる「商品経済」も認められていた。この商品経済の部分を、どんどん拡大することにした。

計画経済の大枠のなかに、商品経済があってもいい。これを「鳥かご論」と言います。でもだんだん、商品経済が大きくなって、鳥かごに入り切らなくなっていく。

計画経済の反対概念は、市場経済です。マルクス主義で「市場経済」と言えば、資本主義経済と同義です。資本主義の定義は、生産物の市場に加えて、すべての生産要素（土地・労働・資本）の市場があること。市場を通じて資源を配分する。計画の要素はありません。改革開放の初期には「市場経済」は禁句で、怖くて誰も口にできなかった。でも「商品経済」なら、自由に議論できた。

改革開放を始めたばかりの1980年代、中国は「双軌制」（計画経済と商品経済の二本立て）を採用した。あまり前例のないやり方だ。強いて探すと、ロシア革命直後のNEP（新経済政策）がある。経済がうまくいかないので、一部に市場の要素を取り入れたのです。ソ連共産党が、計画経済をごり押しするのをやめ、手綱をゆるめたということです。中国の改革開放では、この政策を「NEPの現代版」だと説明しました。

以上まとめると、「経済特区」「家族請負制」「商品経済」の3つが、改革開放を引っ張っていた。

改革開放の結果、農民が都市部で野菜を売ることができるようになった。そのおかげで収入が増え、「万元戸《まんげんこ》」（農村のニューリッチ）が続出した。豊かになった農村では運送業や縫製業などの製造業を手がける「郷鎮《ごうちん》企業」が急成長を遂げた。経済特区も、外国からの資本を呼び込んでうまくいき、深圳など沿海部で経済ブームが起こりました。

峯村　そのころの中国の熱気は凄まじかったようですね。

橋爪　私が初めて中国を訪れたのは1988年の夏。改革開放たけなわの、ちょうどいいタイミングだったと思います。

短期の語学留学で、上海郊外のホテルに1か月滞在しましたが、ホテルの前のクリーク（小運河）には小舟が停まっていました。近郊の農民が出稼ぎで寝泊まりしているんです。自炊して、木っ端《こっぱ》を集めて売ったり、半端仕事で日銭を稼ぐ。道端にはスイカが山積みで、安くておいしいと市民は喜んでいました。昔は配給で、量が少なくてまずかった。それが産地直送になった。商品経済は歓迎されていたんです。

北京ではマクドナルドにも行きました。当時はまだ珍しかった。値段は日本と同じで、中国にしてはめちゃめちゃに高い。そして店の前は黒山の人だかりで、道行く人びとがガラスに貼りついて、店内の様子をじいっと見ているんです。村に帰ってみやげ話にするんでしょうね。当時、缶入りコカ・コーラが1本6元。売り場のお姉さんに聞いたら月給が何十元という時代です。マクドナルドが買えるはずもない。でも街は、熱気でムンムンしていた。

当時は紙幣も、人民元と兌換券《だかん》の二本立てです。兌換券は外国人専用で、友誼《ゆうぎ》商店（外国人専用スーパー）などで使う。外国のコーヒーやタバコ、化粧品などを売っています。兌換券は人気があって、公定レートより高く買ってくれる「チェンジマネー」のお兄さんが街角にいて、外国人とみると声をかけてくる（違法です）。

1980年代の中国は、これからどこへ行くのかまったく予測がつかない、熱気とエネルギーが街に渦巻いていました。経済成長率は毎年10％を超える右肩上がりで、みるみる国全体が豊かになっていく。誰もがカネ、カネと夢中になる、劇的な変化の真っ最中だった。

政治の近代化は後回し

峯村　しかし、鄧小平の改革開放路線は、その後の中国の貧富の格差と、深刻な汚職という大きな負債をもたらすことになりました。

橋爪　おっしゃるとおりです。商品経済が拡大して経済活動が活発になった。でも矛盾も表面化した。

計画経済と商品経済の二本立てだと、計画経済の公定価格と、商品経済で決まる市場価格の二重価格になります。

すると、不当利得が生まれる。たとえば国営企業が原材料などを国から公定価格で受け取った場合、本来はそれで生産活動を行なうのですが、そんなことをするより、原材料のまま市場に横流ししたほうがよっぽど儲かる。工場の幹部職員が率先して横流しをやり、儲けを幹部と従業員で山分けにし、一部を監督官庁に賄賂で渡せば〝三方得〟です。国営企業の幹部がブローカーになるんです。

そうやって大勢現われた官僚ブローカーを「官倒爺《グァンダオイエ》」と言います。人びとに忌み嫌われました。でも彼らは唸るほど金をもっている。改革開放の負の側面です。

峯村　私が初めて中国に行った2005年は、改革開放がピークに達していたといってもいいでしょう。1か月ほど出張に行って北京に戻ってくると、空き地にはビルの骨格ができているのがふつうでした。できたばかりのビルには、外国の高級ブランド店やレストランが入り、連日行列ができていました。こうした状況を見て、中国社会は日本よりも資本主義が進んでいると感じました。

いっぽうで、改革開放の「負の遺産」も頂点に達していました。共産党や政府のほか、国有企業にまで汚職は蔓延《まんえん》しており、地方の国有企業の幹部が一人あたり50億～60億円もの賄賂を受け取ったり、横領して海外に逃亡したりしていました。

さらに深刻なのは人民解放軍でした。実際には実施していない軍事演習をしたことにして費用を横領したり、幹部が昇任するごとに賄賂を求めたりする軍高官が後を絶ちませんでした。軍のランクごとに賄賂の「価格表」があり、一階級上がるごとに数百万から数千万円ものカネを渡すことが求められていました。

さらに、環境汚染も深刻でした。

いまでもよく覚えていますが、2005年当時は、雨が降り出すとみんなが防空壕に逃げるかのように建物の中に避難していました。白いシャツなんかを着ていると、洗っても落ちないくらい、黒いシミになるからです。そうした汚れた雨が降るほど、大気汚染は深刻でした。私は当時、マンションの9階に住んでいましたが、窓から下を見ても地上が見えないくらい空気が霞《かす》んでいましたね。

なぜそうした経済発展の矛盾が放置されていたのか。その大きな理由は、鄧小平の改革開放路線が中国における「第五の近代化（現代化）」を潰してきたからだと考えています。

改革開放のアイデアやコンセプトは、元をただせば1964年に周恩来が提唱した、農業、工業、国防、科学技術の「4つの近代化」です。具体的には、1900年代のうちに4つの分野で全面的な近代化を果たし、中国経済を世界のトップラインに立たせようとすることが目標でした。毛沢東の文化大革命によって一度潰されてしまったものの、文革が終わって鄧小平が復権し、改革開放が始まりました。その理論的な下地はすでに周恩来によってつくられていたというのが重要なポイントだと思います。

鄧小平の改革開放路線で「4つの近代化」は進展しましたが、5つ目の近代化、すなわち「政治の近代化＝民主化」が完全に除外されていた。そのことが、中国に歪《ゆが》みが生まれた最大の原因だと思います。1976年の第一次天安門事件、78年からの「北京の春」と呼ばれる運動でも「第5の近代化」が求められましたが、それらをすべて潰したのが鄧小平でした。その最たる例が、みなさんもご存じの1989年に起きた第二次天安門事件です。

「第5の近代化」が実行されず、中国共産党によって政治やメディアの自由が制限されてきたことが、改革開放の矛盾を増長させたのでしょう。

学生市民に銃口を向けた

橋爪　1989年6月4日の天安門事件は現代中国の分かれ目ですね。もしあの事件が起きなければ、いまの中国共産党は存在しなかったかもしれない。習近平体制も、天安門事件あればこそとも言えます。

峯村　政治の近代化や、自由や民主化を求める学生や市民の動きを潰したのが鄧小平です。民主化を進めるために、胡耀邦《こようほう》を党中央委員会総書記に抜擢しておきながら、最後は民主化要求を行なった学生たちに対して軟弱な態度を取ったということで、クビを切った。鄧小平は基本的にはきわめて保守だったのだと思います。

橋爪　事件の数か月前から、改革派のリーダー格だった胡耀邦元総書記の急死を悼《いた》む学生らが、天安門広場で座り込みを続けていました。事態の収拾をはかろうと、趙紫陽《ちょうしよう》ら幹部が学生と会って話し合いました。でも、学生と妥協する姿勢は危険だと、鄧小平は趙紫陽を切り捨て、学生を武力で弾圧することを決めたのです。

鄧小平らが何を心配していたか。この運動の背後にはアメリカがいて、中国の政治的混乱や体制の転覆を図っていると、どうやら本気で疑っていたのです。

峯村　中国側は、天安門事件が「ＣＩＡの陰謀」だと完全に信じていたとみられます。中国共産党からみれば、東欧、ソ連の崩壊と同じ流れであり、学生の民主化要求の名を借りて体制転換を目指していると捉えていました。

橋爪　では、どうするか。鄧小平は、ここが踏ん張りどころで、党の権威を維持しなければ中国の将来はないと考えた。それには、人民解放軍の手で学生を弾圧する。銃を向けてもいい、血が流れてもいい、犠牲があっても仕方がない。

そして、天安門の学生だけではなく、中国じゅうの知識人や党員を検査して再教育し、二度とこういうことが起きないように監視する、と決めたのだと思います。

毛沢東とどこが違うか。毛沢東はたしかにいろいろな運動を発動して、大勢の人が死にました。でも軍が直接、学生や市民に銃を向けた事件はない。鄧小平の起こした天安門事件は、過去になかったとんでもない事件です。

なぜそこまでの恐怖を鄧小平が抱いたか。1978年に始まった改革開放が、中国の民衆に大きな変化を与えたからです。政治的自由、共産党体制からの離脱、西欧流の民主主義への移行を求める人びとが大勢現われた。鄧小平は、絶対に許容できないと思った。それが、党の総意になったのだと思います。

峯村　若干付け加えると、鄧小平がすぐに戒厳令を敷いて、銃口を向ける決定をしたとよく言われますが、当時の関係者に話を聞くと、鄧小平を含めた共産党の内部で意見が割れていたというのが真相のようです。

鄧小平が戒厳令を布告する3日前の5月16日には、趙紫陽、李鵬《りほう》、胡啓立《こけいりつ》、喬石《きょうせき》、姚《よう》依林《いりん》の五人による政治局常務委員会が開かれました。この席上、改革派の趙紫陽と胡啓立が戒厳令に反対し、保守派の李鵬と姚依林が賛成しました。残る喬石はどちらかというとリベラルで、中立的な意見を述べました。つまり、党最高指導部の意見は真っ二つに割れたのです。
中国共産党の中でも迷いがあった点は、非常に重要だと思います。軍による弾圧は決して英断ではなかったし、だからこそ総括もできない。そして何よりも事件の存在すらもまだ認めていない。総括しようとすれば、党の判断の誤りを認めなければならなくなるからです。

橋爪　天安門事件で弾圧された学生や知識人は社会変革の担い手で、本来、共産党の仲間のはずです。中国共産党の設立の直前、１９１９年の「五四運動」では、大勢の学生らが立ち上がった。日本の不当な要求に抗議の声をあげ、社会革命の出発点になったではありませんか。

毛沢東は「矛盾論」で、マルクス主義にはない「人民内部の矛盾」という概念を提出しています。共産党が革命を指導したとして、人民は一枚岩で共産党を支持するかと言えばそんなことはない。複雑な政治情勢のもと、人民のなかにも矛盾や対立が出てくる。その解決は、討論や説得でできるならいい。でも敵対的矛盾である場合もあり、その場合には階級闘争のやり方になる、というのです。

文化大革命もこの考え方だった。党の中、人民の中に、敵を見つける。自己批判を求めたり、労働改造を科したりしました。ただそれでも、いきなり銃を向けることはやっていません。

天安門事件の時には、こういう理屈が特になく、反革命の「動乱」だとされた。学生の要求と真剣に向き合って、討論をし、共産党も反省したり考え直したりして、中国が今後進むべき道を見つければよかった。その可能性を、完全に塞いでしまった。

中国共産党の性格を狭く固定してしまったのは、文革の最後に革命左派を追い出してしまったせいもあると思います。革命左派は、マルクス主義の専門家で、軍事力でなく、人民大衆の運動によって社会変革を進める、というスタイルを備えていました。革命によって政権を正当化した。

革命左派がいなくなって、共産党が単に権力をもっているだけ、の状況になった。革命をやらないのなら、中国を近代化してくれませんか。改革開放で経済が発展し、自由化が進み、海外の情報も入ってくるのに、なぜ共産党の権力だけが例外なんですか。これが学生たちの訴えていることです。

党はこれに、正面から向き合うのがよかった。でもそうする代わりに、銃を向けた。それは党が、論争をやり切る自信がなかったからだと思う。銃口を向けられたことで、中国ではこの問題を議論できなくなってしまった。これが今日まで、中国の抱える大きな難題なのだと思います。

峯村　そもそも犠牲になった学生の人数すら明らかにしていないのはとんでもない話です。私が北京特派員の時、事件で犠牲となった学生の遺族に話を聞きに行こうとすると、当局に妨害されることがしばしばありました。

胡錦濤前政権下では、事件を「再評価」する動きがありましたが、大きな流れにはなりませんでした。では、習近平が天安門事件をどのように評価しているか。内部の演説などを読む限り、「政治的騒乱」、つまり天安門事件を武力で弾圧した党中央の決断を高く評価しているのです。鄧小平の「数少ない成果のひとつ」と習近平がみていることが重要です。

ではなぜ、習近平は天安門事件での鄧小平の対応を肯定的に評価したのか。

事件当時、習近平は福建省寧徳《ねいとく》市トップの書記でした。私が現地で当時の習近平の同僚、部下にインタビューしたところ、事件当時は上海でも学生運動が盛り上がり、福建省にもその一部が流れ込んできて、結構緊迫した状況に追い込まれたそうです。

福建省における学生らの運動が過激化した場合、ひょっとしたら習近平自身も政治的なダメージを受けていた可能性があった。その際、党中央が天安門の学生たちを力で抑えたことで自分の命が助かった、そんなふうに習近平は思ったのではないでしょうか。

「天皇訪中」が利用された

峯村　天安門事件後の1990年代初頭、中国共産党は当時党中央弁公庁にいた曽慶紅《そうけいこう》を筆頭にした調査チームを東欧や旧ソ連に派遣しています。「なぜ政権が崩壊したのか」について当時の指導者に話を聞いたり、市民へのアンケートを実施したりして、ソ連や東欧諸国が崩壊した過程や原因を徹底的に調査させたのです。

その結果、「軍は国軍にするのではなく、共産党がグリップしなければいけない」「共産党の指導は絶対である」「官僚の腐敗や汚職は党を滅ぼす」などの総括を調査チームは内部で示したそうです。

これらの不安要素を潰していくことにより、共産党のその後の生き残りを図ったということです。

天安門事件後、中国はアメリカと関係が悪化し、西側諸国からの経済制裁を受けました。文革以降の経済成長も止まった。そもそも改革開放により生じたインフレ、景気の悪化は事件前から深刻な問題となっていました。

中国が事件後に受けた厳しい制裁を打破するために、鄧小平がターゲットにしたのが日本です。日本の政界や財界にアプローチするかたちで、接近を図りました。

なかでも最重視したのが天皇です。1992年に天皇訪中を実現させ、日本との関係改善を進めることで、西側の制裁を緩和させる糸口としたのです。天皇訪中について、当時の中国外相だった銭其琛《せんきしん》は回顧録で、「西側の対中制裁を打破するうえで、積極的な作用を発揮した」と政治利用の成果を指摘しています。中国側の戦術である誘いに、日本はまんまと引っかかったというわけです。

いまふり返れば、天安門事件の制裁解除は早過ぎました。オバマ政権のある高官には、「日本の制裁解除によって、中国というとんでもないゴジラをつくった」と言われましたが、苦境の中国共産党を日本が救った側面があるのは否めません。

橋爪　学生市民が政治的な要求を掲げ、平和的に集まっている時に、問答無用で武力弾圧するなんて、自由主義諸国ならありえない出来事。共産主義諸国でも許されないことです。自由に対する感度が日本政府は鈍すぎる。日本国民も、です。緩いをとおり越して愚かである。そう思います。

中国市場を失いたくないというビジネスチャンスに目がくらんで、浮き足だったのかもしれない。それに1990年当時、戦争で中国にさんざん迷惑をかけて、償いがまだ十分でないと負い目を感じる人びとが大勢いた。だとしても、なぜここまであからさまに自由を弾圧している中国に、日本が歩み寄らねばならないのか。

中国は天安門事件で1～2年足踏みをしたものの、あとは順調。30年間も年率10％近い高度成長を続けて、気がついてみれば日本を軽く追い越し、世界の製造業の中心になった。日本は産業が空洞化し、失われた30年になった。中国にしっぽを振って実利を掴んだつもりが、その反対に、みじめに経済が停滞した。

日本が停滞したのは、中国に投資が集まって急成長したあおりです。天安門事件の機会に、自由を弾圧した権威主義的国家を相手にしないと世界は宣言するべきだった。日本がその先頭に立つべきだった。そうすれば、資本移転も技術移転も起こらず、中国経済はぺんぺん草が生えていたろう。日本はずっと、世界の製造業の中心だったはずです。世界が見えていなかった日本は、自分の地位を差し出して、中国の繁栄のお手伝いをした。ゴジラを育ててしまった。いまさらあわてても遅いのです。

外務省の大罪

橋爪　当時の日本の政治家や財界は、原則的な態度を取らなかった。自分たちは自由な市民社会の近代国家としてしっかり立ち、世界に仲間を増やしていく。自由な市民社会のルールに違反した国は、利害損得を後回しにして毅然として対応しよう。制裁を科すなり、交流を絶つなり、原則を貫こう。そう態度で示すべきだった。

習近平政権は最近、天安門事件での共産党の対応を評価しています。当時に輪をかけた権威主義的な政権になっている。ルール違反のやり放題です。

チベットを見なさい。新疆ウイグルを見なさい。内モンゴルを見なさい。公海上での横暴を見なさい。中国のキリスト教や自由な言論がどう扱われているか見なさい。ちょっとしたことで弾圧され、世界で最大の監視国家ができあがっているじゃないですか。

こういう体制が生き延びて、周囲の国に牙を剝こうとしているのは、元をただせば、日本が対応を間違えたからです。天安門事件の教訓は、これを反省することでなければならない。

当時、日本にいた中国の留学生は深刻なショックを受け、中国領事館の前で抗議の声をあげた。中国人であることを真剣に悩んで、人生を変えた人もいるんです。

峯村　その日本の対応の間違いは、外務省の大罪だと思っています。

自由主義陣営の一員である日本が、自由で開かれた国づくりに逆行する天安門事件に対して、きちんと制裁を加えたのは当然の責務と言えます。中国がこれを改善しない限り、制裁を緩和、または解除するべきではなかった。

ところが、2023年12月に公開された外務省の内部文書からは、「天皇訪中に反対する自民党の政治家をいかに黙らせるか」ということに外務官僚が腐心していたことが明らかになりました。いみじくも当時の外務省トップで皇后雅子様の実父である小和田恆《ひさし》事務次官が、天皇訪中にかなり前のめりになっていたことも文書に出てきます。

しかもこの時、中国は、1992年公布の「中華人民共和国領海及び接続水域法」で、「尖閣諸島は中国の領土である」と一方的に決めているんです。これがいまに至る尖閣問題の発端になっています。

本来なら日本が中国に抗議や対抗措置、制裁なりをすべきところ、当時の外務省幹部は「尖閣問題は取り上げないようにしよう」と内々で決めていた。小和田次官は当時の宮澤喜一首相に「尖閣問題という雑音はあるが、過大評価してはいけない。今後、中国が日本につらく当たってくるとみる向きもあるが、外務省としては必ずしもそうはみていない」とすら言っているんです。

そこまで言うなら、根拠を示せ、責任を取れ、という話です。つらく当たってくるに決まっています。そうでなければ、「尖閣は中国領土」なんて法律に書くわけありません。こんなことすら予測できないのは、インテリジェンスの欠如以下の話ですし、まさに「売国行為」といっても過言ではありません。

橋爪　売国行為というより、ただ愚かで不勉強なだけだと思えます。

それに加えて、日本国憲法をよくわかっていないな。天皇の政治利用じゃないですか。

それはいけないと憲法に書いてあるのに。外交の中身と別次元の話ですが、たいへん罪が重い。民主主義の根幹にかかわる大きな問題です。

峯村　橋爪先生がおっしゃるように、誰が見ても政治利用であるにもかかわらず、その議論すらしていないんです。公開された文書の最後には、当時の外務大臣である渡辺美智雄と銭其琛が秘密会合をしたと書かれています。その席上、尖閣問題については、「我が国の国民感情が傷つけられた」「陛下の訪中にも水を差された」という遺憾を表明しているだけで、抗議をしていないんですね。

それに対して、銭其琛も「まあ、しばらく冷却期間を置きましょう」と応じている。本来なら中国が頭を下げるべき話なのに、日本は天皇訪中を実現したいがために完全な弱腰で、まさに国益を犠牲にした。日本外交の最大の失敗のひとつと言っていいでしょう。

橋爪　30年が経ち、情報公開でそうした事実が明らかになったのは不幸中の幸いです。いまの若い外務省の職員のみなさんが心して、将来の職務にしっかり当たろうと思ってほしい。上司の顔色をうかがうのではなく、市民のほうを向き、歴史の検証に耐える外交をしようと思ってほしい。過去のそうしたデータが出なくなったら、日本は終わりですね。

峯村　さらにひどいのが、当時の駐中国日本大使が日本メディアの特派員に対して「水を差すな」と恫喝《どうかつ》したりしているんですね。私だったら、全部ぶちまけて潰してやるんですが、当時の特派員のなかにそうした気概のある記者がいなかったのは残念です。

橋爪　気概ももちろんですが、それ以前にとにかく勉強です。自分がよって立つべき原則が何かを肝に銘じるのが勉強です。それなしに、外務省やジャーナリストなどの専門職をやってはいけない。

峯村　おっしゃるとおりです。

1989年6月の天安門事件では、学生らのデモを鎮圧するために政府が戦車を差し向けた

第四章

江沢民、胡錦濤、習近平
三代の角逐

峯村　天安門事件についてきちんと総括しないまま、中国共産党は「経済成長を最重視して国を豊かにする」という統治の正統性をなんとか持続させることに邁進《まいしん》してきました。その時代に指導者となったのが、１９８９年から２００２年まで総書記を務めた江沢民、その後を継いで２０１２年まで総書記を務めた胡錦濤です。２０１２年以降は、異例の３期目に突入した習近平政権が続いていますが、ここでは、三人の指導者の共通点と相違点に加え、なぜ習近平が強大な権力をもつに至ったかについて、時系列で追って検証したいと思います。

鄧小平が打ち出した「社会主義市場経済」という政策が「ポスト天安門事件」を読み解くキーワードだと思います。

鄧小平の傀儡政権

橋爪　天安門事件は、中国が抱えている「矛盾」を浮き彫りにしました。それは共産党政権が、市場経済を運営するという矛盾です。

市場経済とは要するに、資本主義経済のこと。資本主義経済は、常識的には、政治的民主主義（言論の自由や、思想信条の自由や、その他いろいろ）と共にしか実現しません。その市場経済が、共産党一党支配と二人三脚になるなどありえない。近代社会の原理から言って、そんなものは存在しないと考えられてきた。

改革開放がスタートし、共産党は、市場メカニズムを取り入れますよ、自由化を進めますよ、とアピールした。それをアメリカも日本も応援しました。この調子なら、中国はまともな市民社会になるのではないか、との期待もあった。でもそうはならなかった。

峯村　平和的なデモを続けていた学生らに共産党の軍が銃口を向けた天安門事件で、中国が「民主化」を実現するつもりがないことが世界じゅうに伝わりました。

橋爪　むしろ共産党は、共産党の一党支配を、どんな犠牲を払っても守り抜く覚悟であることがはっきりした。市場経済は、そのための手段にすぎなかった。

そこで、次の問題がもち上がります。市場経済は、共産党一党支配下でそもそも機能するのか。これまでのどんな経済学の教科書、政治学の教科書、歴史の教科書にも、このことは書いてない。だから、答えはわからない。

答えがわからなければ、考えなければなりません。アカデミアの人びとが全力で考え、ジャーナリズムが全力で追いかけるべき大問題です。自分で考えられなければ、参考になりそうな本を読んで研究すべきです。

さて、天安門事件の余波もようやく収まった1992年1月から2月にかけて、鄧小平は北京を離れ、武漢、深圳、珠海《しゅかい》、上海など南方の都市を順番に視察しました。西側諸国の制裁で、火が消えたようになっていた改革開放を、もう一度巻き返そうというキャンペーンです。「南巡《なんじゅん》講話」というのですが、それに前後して出てきたスローガンが「社会主義市場経済」です。

先ほど述べたように、市場経済は資本主義経済のことですから、NGワードだった。1991年ごろまでは、中国の研究者と話すと、「商品経済」とは言っても、「市場経済」とは絶対に言わなかった。共産党の用語ルールに反するのです。

それが、党中央が、これからは「社会主義市場経済」でいくと宣言したとたんに、「市場経済」という言葉もOKになった。共産党と市場経済の二人三脚がありになった。これはとっても変則的な市場経済（資本主義）なんです。

この「社会主義市場経済」という矛盾を抱えたまま、江沢民政権も、胡錦濤政権も、そして習近平政権も動いている。そして、「社会主義市場経済」の看板を掲げている限り、その矛盾から逃れられない。

峯村　江沢民と胡錦濤は、二人とも鄧小平によって選ばれたリーダーです。

天安門事件後、最高指導者の鄧小平は、最後まで武力弾圧に反対して学生らのデモに同情的だった趙紫陽を総書記のポストから外し、後任に上海市のトップだった江沢民を急遽《きゅうきょ》抜擢しました。これは江沢民にとってもまさに青天の霹靂《へきれき》だったようで、本人に近い人間から聞いた話では、江沢民は突然の大抜擢に戸惑い、「北京に着いたら俺はどうしよう」と口にするほど狼狽《ろうばい》していたそうです。中央政府での政治経験も少なく、党内の支持基盤も弱い。つまり、江沢民は鄧小平の傀儡中の傀儡だったと言えます。

江沢民の次の胡錦濤も、「共青団（共産主義青年団）に優秀な奴がいる。江沢民の次にしよう」と、鄧小平によってノミネートされている。胡錦濤は、書記を務めていたチベット自治区ラサで起きた独立運動（1989年）を武力鎮圧したことが鄧小平に高く評価され、1992年、政治局常務委員に抜擢されました。党関係者らの証言によると、1997年に鄧小平が死去する直前、胡錦濤は鄧小平本人から「我が国の未来は任せた」

と江沢民の後任とすることを伝えられたそうです。

鄧小平の権力基盤の上に総書記の地位を約束された以上、江沢民と胡錦濤がその枠から出るなんてことは考えられません。二人の時代は、鄧小平路線の継続でしかなかった。だからこそ、橋爪先生のおっしゃった「社会主義市場経済の矛盾」がどんどん増大していき、最後は矛盾が山積してお手上げ状態になった。それが江沢民、胡錦濤政権の時代だとみていいと思います。

橋爪　江沢民と胡錦濤の二人が鄧小平の傀儡で、鄧小平政権の延長上にあるのはそのとおりだと思います。だから鄧小平が敷いた「2期10年」のルールに従い、その枠内で党中央を仕切っていた。

その後、習近平になると、胡錦濤とは明らかに様相が違った。脱・鄧小平ルールの、新しい権威主義的な中国共産党のリーダーに成り上がった。それがこの政権の秘密ですね。

峯村　先述した中国共産党の「歴史決議」についても、江沢民、胡錦濤は採択していません。中国共産党の歴史上、この人たちは消えゆく人物だからです。だからこそ、その後継者である習近平は、毛沢東、鄧小平に続く三人目の「歴史決議」の採択にこだわりました。

自分はこのまま「永遠の権力者」になるという決意を示したと言えそうです。

「社会主義市場経済」が腐敗を生む

橋爪　習近平政権の異質さについて詳しく論じる前に、社会主義市場経済の矛盾の話をもう少し続けたいと思います。

「社会主義」は、中国共産党の一党支配という意味。「市場経済」は、資本主義経済のことでした。

日本でもアメリカでも、資本主義の国では、すべての商品が貨幣で購入できます。お金をもっていれば、誰もが何でも買うことができる。資本主義ですから、生産要素（土地・労働・資本）の市場もある。アダム・スミスやリカードが言うとおりです。

土地とは、地面のほか空気や水など、経済システムによって生産することができないものすべてを指します。

労働とは、人間の活動のことで、ふつうは時間単位で労働力となり、契約によって企業に売り渡されます。

資本には何とおりもの意味があります。基本的には、経済システムによって作り出された生産手段のこと。最終生産物ではないから、消費者によって消費されはしない。工場の機械設備そのほかである。

資本主義経済には、土地市場があって、土地が自由に売り買いできる。労働市場があって、労働力が自由に売り買いできる。資本市場があって、資本が自由に売り買いできるのでした。

さて、改革開放の始まった１９８０年代、中国に土地市場、労働市場、資本市場があったかというと、ありませんでした。経済財の一部が商品化されていただけで、生産要素の市場は存在しなかった。

まず土地。土地は原則国有で、私有できない。そこで国有地のうえに40年、50年、70年といった「使用権」を設定して、その使用権を売買できるようにした。ただ１９８０年代はそこまで制度が整っておらず、１９９０年代以降に少しずつ整備されていった。

次に労働。労働市場は１９８０年代には存在しなかった。たとえば大学の卒業生は、本人の意思とは無関係に、就職先を配当された。自由に就職できませんでした。

そして資本。資本市場もはじめは存在しませんでした。資本は集団所有で、国有企業か郷鎮企業。株式市場もまだなく、資本を自由に売買することはできなかった。

資本主義の重要な特徴のひとつとして、誰でも企業を自由に設立できることがある。企業は、出資者を募り、生産要素（土地・労働・資本）をうまく組み合わせて、合理的な生産活動を展開する。そこに政府は介入しない。自由主義経済です。

中国も「社会主義市場経済」（つまり、資本主義経済）を掲げる以上、土地市場、労働市場、資本市場を大急ぎで用意しなければならない。さもないと、西側の資本主義諸国と足並みを揃えてビジネスをすることができません。

そこで、1990年代以降、中国も急いでそれらの市場を整えました。土地の使用権を売買する土地市場。自分で就職先を選べる制度。国営企業などが株式を発行し、それらの株式を売買する証券取引所もでき、資本市場が整備された。1990年代から2000年代にかけては、関連の民法や商法なども整えられ、かなり急ピッチで市場経済の環境が整えられていったのです。

峯村　共産党一党支配のもとで走り出した市場経済を、何とか崩れないように理論武装した人物こそ、江沢民です。

江沢民は2000年2月の広東省視察時に、「三つの代表」という重要思想を発表しました。中国共産党が「『先進的生産力』『先進的文化』『最も広範な人民の根本的利益』を代表すべき」というスローガンです。

私はこの発表は、中国共産党の根幹にかかわる重大な決定だったとみています。これまで共産党は「労働者階級の前衛部隊」だったのですが、「全国民の利益の代表者」へと変わりました。このことは、中国における共産革命を諦めたことを意味しており、パラダイムシフトと言っていいでしょう。

その後、「三つの代表」思想は2002年、党の憲法である党規約に書き込まれ、マルクス・レーニン主義、毛沢東思想、鄧小平理論と並ぶ重要思想と位置づけられ、企業家に共産党員となる道筋が開かれました。

橋爪　はい。共産党の名前はそのままで、でもその性格がまったく変わってしまったのですね。

マルクス・レーニン主義の原則から言うと、革命を担うことが、共産党の独裁（一党支配）の根拠です。革命は全人類のためにやる。階級闘争は人類の歴史を貫く必然です。プロレタリア（無産階級、被抑圧人民）の代表の共産党が、資本家を打倒する。それが革命です。打倒したあとでも、反革命（資本家の逆襲）の可能性があるから、しばらくは権力を独占して独裁を続ける。独裁は手段で、目的は革命です。

さて、資本家や企業家の経営者が共産党に入るのなら、共産党は資本家を打倒できません。資本家を打倒しない共産党は、革命ができない。階級闘争もできない。階級はあるかもしれないが、共産党は階級闘争から手を引く。

だとしたら、共産党は何を代表するのか。「広範な人民」を代表する。広範な人民とは要するに、労働者と資本家のことです。すべての人民のことです。でも、すべての人民は別に、自分たちを代表してくれと共産党に頼んでいないのではないか。

実態はこうではないか。共産党は、共産党のためにある。共産党は全人民を代表するというが、そう言っているのは共産党だけ。共産党は、権力をもつために権力をもつ。これが江沢民の理論です。

共産党はとっくに革命をやめて、政権を維持すること自体が目的になっている。これにいまさらのように居直って、革命と無関係に一党支配を続けると宣言したのです。現状をありのままに述べたのは、江沢民の功績とも言える。

峯村 「三つの代表」と言って企業家に門戸を開いてみたものの、私の知り合いを含めて、実際に入党する企業家はあまりいませんでした。

では何がなされたかといえば、「三つの代表」によって企業家の社会的な地位が上がり、金儲けも大っぴらにできるようになった。こうして得た利益を、共産党や政府の幹部らに渡し、便宜を図ってもらうシステムが構築されました。この循環が雪だるま式に膨らんでいき、汚職が蔓延して、改革開放が目指した方向も捻《ね》じ曲げられてしまいました。

そもそも、改革開放のいちばんの基本は鄧小平が唱えた「先富論」です。先に豊かになれる人から豊かになり、その後に貧しい人たちも底上げしていく、というアプローチです。しかし、「三つの代表」で先に豊かになった企業家らは、稼いだ金を貧しい人に分け与えるのではなく、海外に妻や子どもを留学させたり、裏金としてもち出したり、自らも中国を脱出して海外に逃亡するかたちで、国外にもち出しを図ったわけです。

拙著『十三億分の一の男』で詳述しましたが、アメリカのロサンゼルスには党や政府、国有企業などの幹部の愛人が集まって住む「愛人村」がいくつかあります。そこには豪邸が建ち並び、囲われた愛人たちが高級車に乗って派手に暮らしている。幹部らは彼女たちに稼いだお金をもって行かせているかたちで、マネーロンダリングをしているのです。

あるいは、妻が妊娠した段階でアメリカに渡航させ、そこで子どもを産ませて、アメリカ国籍を取得し、そのまま財産とともに逃げる人もいる。社会主義市場経済は、金を稼いだ人から中国を脱出して海外に移住、または逃亡する、という事象もたくさん引き起こしました。

党総書記三人はどこが同じでどこが違うのか

峯村　鄧小平の延長線上に位置づけられる江沢民政権ですが、「2期10年」という任期に関して、実は狡猾《こうかつ》に捻じ曲げています。

江沢民は2002年に引退し、党総書記、国家主席のポストを胡錦濤に譲りますが、軍の最高ポストである党中央軍事委員会主席だけは、2年近く手放しませんでした。院政を敷いたんです。軍のなかで、自分の息のかかった郭伯雄《かくはくゆう》や徐才厚の二人を制服組のトップに据え、軍権を握り続けた。さらに胡錦濤体制発足時には、政治局常務委員の定員を七人から九人に増やし、自身が率いる「上海閥」の子飼いである曽慶紅、呉邦国《ごほうこく》、賈慶林《かけいりん》、黄《こう》菊《ぎく》、李長春を常務委員に登用して過半数を占めた。これによって、胡錦濤政権下においても事実上、党と軍を操ったんです。

江沢民は、総書記に就任した時から数えると、20年近く権力を握った。それにより、実は胡錦濤は自分のやりたかった政策がほとんどできなかった。この点は重要なポイントだと思います。

橋爪　江沢民と胡錦濤と習近平の三人は、それまでの共産党の最高指導者と異なる共通点がある。それまでの毛沢東や周恩来や鄧小平は、それぞれ革命の実績があって、自分の実力でそのポストに就いた。でも江沢民、胡錦濤、習近平は、革命の実績などなく、抜擢人事でポストに据えられただけである。江沢民と胡錦濤は、鄧小平の指名で据えられた、いわばロボットです。胡錦濤政権の時には鄧小平はもういませんから、直接指示を受けたわけではないけれど、鄧小平のつくった枠のなかを動いた。

習近平は鄧小平に指名されていないから、その枠から抜け出てはいますが、誰かが引き上げて党中央に座らせた、抜擢人事なのです。ここが三人の共通点です。

ただこの三人は、微妙に違ってもいます。

江沢民は天安門事件のピンチに、リリーフとして党中央に引っ張り上げられた。取り柄は電気や自動車など科学技術に詳しいことで、学究肌で仕事ができる人でした。鄧小平が上海にいた時世話をした縁で、見込まれて引っ張られただけです。江沢民が上海閥というグループをつくるのは、そのあとの話です。

胡錦濤は清華大学の水利工程系で、ダム建設などを学びました。その後、共産主義青年団（共青団）での活動が認められ、チベット自治区の党書記になる。現地の暴動を鎮圧した手腕が評価され、中央に呼ばれました。共青団をバックに、模範的共産党員として引っ張られたわけです。

習近平も清華大学を出ていますが、試験でなく推薦で入れた時代のことで、勉強ができたわけではない。彼の政治的資産は、革命世代の血を引く「紅二代《ホンアルタイ》」であることです。父親の習仲勲の関係で、コネがたくさんある。そして、父親を見ているので、政治闘争の感覚がとても鋭い。抜擢されるまでは本性を隠し、おとなしくて扱いやすい温厚な人物だと見せておき、抜擢されるといよいよ本性を現わす。権力をふり回して好きなように人事をやるのです。その点、江沢民や胡錦濤に比べて、ずっとやり手です。

峯村　1980年の夏に、当時27歳の習近平と私的な夕食をともにした日本企業幹部の話を拙著『十三億分の一の男』で紹介しました。彼はみすぼらしい穴の開いたワイシャツ姿で現われたそうです。食事中も、みんなの話に相槌を打つばかりで、決して自分の意見や考えを言おうとしなかった。仲間同士の場でも警戒心を解かなかったのは、文革のトラウマがあるのだと思います。父である習仲勲は失脚に追い込まれ、長年にわたり軟禁生活を余儀なくされ、習近平自身も7年近くの「下放」生活を送っています。本音を話したら足をすくわれて、政治生命を失いかねない。そんな危機感が強いのでしょう。

1978年に習仲勲が広東省書記として復活したあと、習近平も清華大学を卒業し、軍の仕事を始めていました。当時の国防相の秘書として、党中央軍事委員会弁公庁で勤務し、その後、河北省正定《せいてい》県の副書記をはじめ、政治局常務委員会に入るまでの25年間を地方の党幹部として務めました。なかでも20年近く、福建省で、台湾統一戦線工作をずっとやっていたことは前述のとおりです。

私が話を聞いたある党関係者は、一時は副首相まで上り詰めた習仲勲が、文革で一夜にして罪人となって迫害された姿を見たことが、「他人のことは簡単に信用せず、権力こそが唯一の拠り所だ」と信じる習近平の人格形成に影響を与えた、と言っていました。この証言は、習近平の思考回路を分析するうえで重要だと思います。

習家と鄧家の角逐

峯村　江沢民と胡錦濤が企業でいうサラリーマン社長なら、革命世代の子どもである「紅二代」の習近平はオーナー一家出身の社長であり、その出自が根本的に違います。

パーソナリティの面から言っても、江沢民と胡錦濤はオープンマインドな人柄でした。江沢民は英語や日本語など、外国語に相当精通していました。2010年、上海万博の内覧会で日本館を訪れた際には、案内した館長の前で突然日本語の民謡や唱歌を歌い始めたこともあったそうです。

胡錦濤についても、日本映画を鑑賞するのが大好きだったそうです。2008年の訪日時には、1978年に中国で公開されて大ヒットを記録した日本映画『君よ憤怒の河を渉《わた》れ』(中国語名『追捕』)でヒロインを演じた女優の中野良子に会いたいと切望し、実際に日本で対面が実現した時には、「私の中のヒロインです」と感激して喜んだそうです。

ところが習近平に関して言うと、留学経験もないうえに外国語がまったくできず、外国との接点もほとんどありません。

橋爪先生がおっしゃったとおり、江沢民、胡錦濤と比べても知識や学力の面で習近平が劣っているのはたしかだと思います。しかし、李克強《りこっきょう》らほかのエリートになく、習近平がもっているものとして党関係者らが口を揃えるのが、「団結力」です。日本語ではわかりづらいのですが、周りの優秀な部下を束ねて率いる力を意味します。ある党幹部の一人は「我が党の最高指導者にとって最も必要な能力は、1億の党員をまとめ上げる団結力であり、この能力で習近平に勝る人物はいない」と語っていました。

いまからふり返ると、常務委員になったばかりの習近平は、鄧小平が提起していた中国外交の基本姿勢「韜光養晦《とうこうようかい》」――実力をつけるまでは頭を見せない――という姿勢をあえてとっていたのでしょう。

橋爪　たいへん興味深いお話です。

少し補足すると、江沢民、胡錦濤、習近平に影を落としているのは鄧小平、そして毛沢東です。鄧小平が直接に影を落としているのは明らかですね。

さて、鄧小平と毛沢東はなかなか微妙な関係で、鄧小平の毛沢東に対する気持ちは複雑です。毛沢東に引き上げられなければ鄧小平の存在はないんだけれども、鄧小平は何回も打倒される。屈辱を受けるんだけれど、また毛沢東に引き上げられるんです。

毛沢東から見れば、鄧小平はコマのひとつ。毛沢東が仮に林彪を心から信頼していれば、鄧小平は劉少奇と同じように始末されてしまったかもしれない。でもおそらく、毛沢東には少し不安があり、林彪がダメな場合に鄧小平が使えるかも、と考えていたのだと思う。

さて、毛沢東の後を継いで最高指導者となった鄧小平にとって、毛沢東のいちばんの問題点は、死ぬまで権力を手放さなかったことです。中国を大混乱に陥れた文化大革命も収束しなかった。そのあおりで、中国の発展は遅れに遅れた。今後、そのようなことがあってはならないと鄧小平は思った。

だから、党の幹部が引退するルールが必要だと思った。次は江沢民、その次は胡錦濤と後継者を決め、不文律で「2期10年」と言い残しました。

毛沢東の政治を反省して、中国共産党を計算可能な政治団体に置き換えようとしたのですから、これはいいことです。でも矛盾がある。毛沢東の終身権力に反対して引退のルールを決めたけれども、そのルールを決めること自体が、鄧小平の超法規的な権力によっている、という矛盾です。

最高指導者の「2期10年」は、公的なルールではありません。ルールではないから破綻する。そんなルールはないことにしよう、と思う後継者が出てくる余地があるんです。民主主義のルールとは違う。

そうやって出てきたのが習近平だと思います。鄧小平の矛盾のなかから、もう一回、毛沢東に近いような無期限の権力者が出てきた。

峯村　橋爪先生のご指摘は、共産党の組織論からも裏付けることができます。江沢民と胡錦濤の政権は、党総書記でも国家主席でもなかった鄧小平という超法規的な権力によって指名されたという点だけが正統性の根拠です。なので、鄧小平が死んでしまったら、だんだん力がなくなっていきました。

しかし、習近平に関しては、特定の指導者の指名ではなく、共産党の総意としての後継者に認定されています。２００７年の党大会で胡錦濤は、同じ共青団出身の李克強を後継者に選ぼうとしました。しかし、江沢民を含む党の長老たちは習近平を推薦しました。

この時に議論となったのが、共産党が置かれている危機的な状況を打開するにはどちらがふさわしいのか、という点でした。先述のとおり、貧富の格差をはじめ、汚職や環境汚染など、鄧小平路線の「負の遺産」がもたらした問題はきわめて深刻でした。さらに、急速に進む少子高齢化によって、改革開放による経済成長は鈍化が見込まれ、成長の「果実」を国民に分け与えることで保ってきた共産党の統治の「正統性」が揺らいでいました。

こうした状況を抜本的に改革して、新たな「正統性」を打ち立てるにはどうすればいいのか。党大会前に開かれた非公式会合に参加した党高官経験者によると、「われわれは結党の精神に戻るべきだ」という結論に達しました。つまり、新中国をつくった革命世代の血を引く紅二代である、習近平を選ぶことで合意したのです。

橋爪　総意として正統性を与えられた「紅二代」は、昔から特別な存在でした。

革命を実現した共産党の幹部らは、この革命が永続するか、政権が永続するかについて考えたと思います。国共内戦に勝利したばかりで、国内にはたくさんの国民党員が残っている。資本家もいる。そんななか、革命の後継者を育てなければならない。この革命は自分たちの革命なんだ、という意識が非常に強かったと思う。

中国じゅうで次世代教育が行なわれていた。たとえば、幹部専用の保育園もあった。全託（日曜を除く平日24時間保育）で、幹部の子弟を毛沢東式に保育しました。革命第一世代は、その子弟である紅二代への期待が非常に大きかった。

薄一波《はくいっぱ》の子どもの薄熙来、習仲勲の子どもの習近平などが抜擢され、政治の表舞台に出てこられたのは、峯村先生のお話にあったように、オーナー一家だからという感覚によるのですね。

峯村　習近平の考え方や政策決定を分析するうえで、「習家と鄧家の対立」という視点からみることが重要だ、と両家を知る党関係者からしばしば指摘されました。

父である習仲勲は1962年、小説『劉志丹《りゅうしたん》』の出版に関与したことで失脚に追い込まれました。「この小説は、毛沢東の右腕で政治局員を務めながら、鄧小平によって失脚に追い込まれた高崗《こうこう》の名誉回復を狙って、党指導部を批判している」というのが「罪状」でした。この小説について、鄧小平は関係が近かった部下を使って政治問題化し、習仲勲を失脚に追い込んだのです。しかも、先述のとおり、習仲勲は文革において最後の最後まで釈放が許されなかった高官の一人です。この決定にも鄧小平の意向がはたらいていました。

こうした経緯を知っている習近平は、鄧小平に対して恨みをもっていると考えるのが妥当でしょう。トップになったら、鄧小平の改革開放政策をはじめ、あらゆる政策をひっくり返すはずだ、と指導部入りした当時からみられていました。案の定、習近平は改革開放によって蔓延していた汚職を徹底的に摘発する「反腐敗キャンペーン」を展開し、貧富の格差を是正するために国民みんなの豊かさを求める「共同富裕」というスローガンを掲げました。鄧小平が1982年に定めた「2期10年」という国家主席の任期も2018年の憲法改正で撤廃しました。習近平は鄧小平の逆を行っていることがわかると思います。

橋爪　鄧小平と習近平の角逐《かくちく》については、遠藤誉氏の『習近平 父を破滅させた鄧小平への復讐』（ビジネス社）がとても詳しい。説得力がありました。

胡錦濤の完全引退と習近平の約束

峯村　こうして習近平が私憤も交えた思いどおりの政策を実行できた背景として、党トップに就任した2012年11月の第18回共産党大会の状況を精緻に分析する必要があります。それを見きわめるうえで最も重要なファクターは、共産党大会の閉幕直前の2012年11月14日付の朝日新聞紙上でスクープした「胡錦濤総書記、完全引退へ」の記事です。

このスクープは、共産党が次世代の人事を決める内部高官会議を11月11日に開き、その席上で胡錦濤が党大会終了後、総書記だけでなく、党中央軍事委員会主席を含めたすべての党の要職を習近平に譲る考えを示したというものです。

この時、胡錦濤は前任の江沢民を踏襲し、党中央軍事委員会の主席には残るのだと、99%の人が予測していました。当時、党総書記や国家主席のポストに定年制があるのに対し、人民解放軍トップである党軍事委主席にはそれがなく、江沢民による「院政」を支えた権力の源泉となるポストだったからです。だからこそ、胡錦濤も当然、党軍事委主席には残ると思われていました。

私も当初、胡錦濤が「完全引退」するという情報を複数のソースから聞いた時、信じられませんでした。

この時、私が着目したのが、胡錦濤の意図でした。内部高官会議の席上、胡錦濤は「完全引退」と同時に、2つの条件を提示したそうです。（1）いかなる党高官も引退後は政治に関与をしない、（2）今後、軍事委主席も含めて引退期限を巡る人事での例外を認めない、ということを訴えていたことがわかりました。

この証言を聞いて、私は非常に合点がいきました。胡錦濤は総書記になってから10年間、常に江沢民の影を気にして政権運営をしてきました。先述のとおり、党も軍も江沢民系の幹部が重要なポストを牛耳っており、思いどおりの政策を打ち出せないまま、任期を終えようとしていたのです。そこで最後のタイミングで、胡錦濤は自ら身を引く代わりに、「院政」を敷いてきた江沢民の影響力の排除を狙った。これによって、引退した党高官の政治介入を禁じる内部規定を定め、長年続いた「長老政治」に終止符を打つことに成功したのです。

この決断は、胡錦濤の思想や哲学とも一致していました。鄧小平の後継者としてこだわってきたのは、党内人事の「ルール化」でした。規定から逸脱した「長老政治」の終焉こそが、胡錦濤の最後の仕事だったのです。

こうして習近平は、どの長老からも邪魔をされない環境が整ったことで、史上最大の「反腐敗キャンペーン」を展開することができた。胡錦濤による「道連れ引退」が、習近平による急速な権力掌握を可能にしたのです。

ちなみにこの「胡錦濤完全引退」のスクープ掲載前、朝日新聞社内でも相当ハレーションがありました。もし間違ったら、「世界的な誤報」となりえたからです。そこで、私の上司の国際報道部長が辞表まで用意して上層部とかけあって、一面ぶち抜きのスクープとして掲載されました。当時私はこの部長に感謝をしたのですが、後になって辞表には日付が入っていない、というオチを聞きました（笑）。そのころの朝日新聞社内はそういった勢いがありましたが、残念ながらいまはもう見る影もありません。

このスクープを私は生涯で最もエキサイティングかつ意義があったと自負しています。なぜなら当時、習近平のことを「史上最弱の皇帝」などと揶揄《やゆ》する見方が一般的だったからです。ところがこうした見方に反し、習近平はわずか数年で最強ともいえる指導者になった。このギャップを埋める唯一のロジックこそが、このスクープだったのです。

橋爪　習近平は何を期待されたか。江沢民や胡錦濤、李克強のような、よくできるリーダーとしての能力ではない。強引に共産党をまとめていく能力です。

江沢民、胡錦濤、習近平の時代の、党中央ではたらく力学を改めて考えてみると、それぞれ違っていると思います。

江沢民が中央に引っ張られた1989年の当初は、彼のグループなど中央に存在せず、借りてきた猫みたいでした。党大会のたびに少しずつ、抜擢人事で子分を呼び寄せ、党中央に加えたので、江沢民グループが形成されていきます。でも政治局常務委員には江沢民派以外もいるから、彼の意見が通ったり通らなかったりする党運営でした。

胡錦濤政権の場合、共産主義青年団の出身者など胡錦濤のグループはいるものの、先ほど峯村先生が解説されたとおり、少数派でした。2期目になって自分の子分を抜擢して少しは増えたけれど、まだまだ党中央は派閥の連合体でした。

それに対して習近平政権は、胡錦濤がきれいに身を退いたことで共産主義青年団のグループはほとんど残らず、習近平2期目になるとほぼ一掃されました。そして2022年からの3期目になると、習近平政権は習近平派だけで固められ、それ以外の人びとはすべて党中央から追い払われたのです。

これは中国が始まって以来、初めてのことです。習近平政権には反対派がいない。なぜそれが可能だったか。習近平が後継者に決まった2007年以降、党の長老との間でおそらく話し合いが続いた。習近平は、こう頼み込んだ。中国で強いリーダーシップを発揮するためには、強大な長期政権が必要です。中国のために大事なことだから、2期10年を越えて、私にやらせてください。そう説き伏せて、長老たちの了承を得たに違いありません。

その際、何をやると約束したかと言えば、中国の統一だと思います。これは長老たちに対する公約のようになっていて、習近平の肩に重くのしかかっているはずである、と予想します。

峯村　橋爪先生の見立てのとおりだと思います。1期目の終わりの2017年くらいから憲法改正について言い始め、そこで狙っていたのが、2期10年の国家主席の任期制の撤廃でした。

もちろん長老は反発します。現役の党幹部も、相当反発したと聞いています。そもそもこの任期は、1982年に鄧小平が毛沢東の独裁がもたらした災難を繰り返さないために設けたものだったので、これをひっくり返すことにはものすごい反発があったそうです。

ちなみに私はこの情報を公表の数か月前に入手して、当時、エズラ・ヴォーゲル氏のもとに行き、伝えました。ところが、ヴォーゲル氏にしては珍しくその情報を完全否定されました。私が確たる情報源から聞いたと返しても、「習近平はそう思っているかもしれないが、もしそんなことをしたら、習近平の政治生命が終わる。そして中国共産党も終わる」とおっしゃったんです。

おそらく、ヴォーゲル氏は鄧小平の築いた集団指導体制を崩してしまうことになり、中国共産党が危うくなるので、「ありえない」と判断したのでしょう。

反対意見が多かったなか、それでも習近平が長老らを説得できたのは、「自分こそが台湾問題を解決できる」と説得したからでした。先述のとおり、習近平は17年間、福建省において台湾の退役軍人や地方政府、ビジネスパーソンらの取り込みを図る統一戦線工作に従事していました。自他ともに認める「共産党随一の台湾専門家」です。ただ、それを解決するには「2期10年では足りない」と党内を説得し、任期撤廃を求めたそうです。「台湾統一」は祖国の悲願であり、中国の最も重要な「核心的利益」でもあります。この主張に反対できる党幹部はいなかったのでしょう。

橋爪 習近平2期目の党大会で本来なら、10歳若い後継者を、政治局常務委員に加えなければならなかった。胡錦濤が常務委員入りする時も、習近平が常務委員入りする時もそうだったのに、習近平はそうしませんでした。これは重大なルールの変更ですから、大問題です。

そこから何を読み取るか。ルールの変更と引き換えに、なにか大きな約束があったとみなければならない。ヴォーゲル氏も驚くほどの大きな約束だった。

それは軍事力による現状変更、つまり台湾侵攻です。

実際、ロシアもウクライナ侵攻に踏み切りました。権威主義的体制なら、戦争は指導者の一存で起こる。中国はロシアよりもっと戦争に踏み切る可能性が高い。常識的に考えて分析すると、必ずやると考えたほうがよい。

先のことですから、誰もほんとうのことははっきり言えません。でも相当の覚悟をもって臨まないといけない事態だと思います。

1989年11月に開かれた中国共産党第13期中央委員会
第5回全体会議で握手を交わす江沢民（左）と鄧小平（右）

第五章
中国共産党の本質とは

橋爪　毛沢東に始まる中国共産党の歴史を、ここまでふり返ってきました。

峯村　新中国の建国、中ソ対立、大躍進政策、文化大革命、米中接触、鄧小平時代の改革開放、天安門事件、その後の江沢民政権、胡錦濤政権と話を進めるなかで、現在の習近平政権が何に取り組み、これからどこへ向かおうとしているのか、全貌が少しずつ明らかになってきました。

同時に、各章で述べてきた、共産党による一党支配、「習近平一強体制」が抱える弱点やリスクについても浮き彫りになってきました。

橋爪　そうした中国共産党の本質を、もっと掘り下げて考えていきます。

共産党幹部「3つの特権」

橋爪　中国では、共産党の幹部がさまざまな特権をもち、それが巨大化しています。特権そのものは解放前からあったのですが、新中国→改革開放→…と進むにつれて膨らんで、習近平政権では信じられない規模になっています。

特権には、３つあると思います。

第一は、幹部の特別待遇です。

共産党幹部には、「級別（ジーピエ）」というものがあるんです。元は解放軍の階級でした。それが政府組織や国営企業や、すべての単位や職位に割り振られている。その級別ごとに待遇が細かく決まっていて、特権的な待遇を受けられるのです。いま政府機関は、国家級／省部級／庁局級／県処級／…のようで、さらに正副に分かれています。

革命時代、根拠地では食糧も衣服も現物支給でした。穀物や肉は、将官／将校／兵士、みたいなランクによって、何グラムと決まっていた。その仕組みが中華人民共和国が成立しても続けられ、幹部は本給より、級別の待遇のほうにうまみがあったのです。

そもそも住む場所が違う。一等地に、級別によって、質のよい住居が用意される。ランクによっては、自動車も使える。衛兵の護衛や、家事サーヴィスも受けられる。

また都市部には、あるランク以上の幹部が使える、「幹部倶楽部」みたいなものがありました。解放前の施設を接収して、映画館や劇場、プール、ボウリング場も整っていたりする。出張する幹部は、特別の宿泊施設に泊まる。友誼《ゆうぎ》商店が利用できて、輸入品を買うことができた。幹部向けの老人ホームもあります。医師や看護師が常駐している。病気で入院すると、差額ベッドを優先的に使用でき、請求書は元の単位に回せばよいのです。

毛沢東は質素に暮らしたことになっています。でも、上海の錦江《きんこう》飯店という老舗ホテルを見学したら、毛沢東と江青が定宿にしていた部屋があった。解放前の西洋式スイートルームが、江青の趣味だそうだが、緑色に内装されていて、文化大革命などそっちのけのロココ調だった。

峯村 文革で紅衛兵を扇動しながら政敵らを「資本主義的だ」と批判して攻撃していた張本人が泊まるには、ふさわしくありませんね。

橋爪 人民服を着て、赤い腕章をして、『毛沢東語録』をふりかざしていた毛沢東と江青が、こうしたホテルを定宿としてゆっくり過ごし、おいしいものを食べていたのは皮肉です。でも、共産党幹部の級別待遇とはそういうものなんです。

あと、墓地も級別に分かれている。中国の墓苑には幹部専用の区画があって、ロッカールームみたいなところに遺骨を収めるのだが、夫と妻で級別が違っても、高いほうの級別に合わせて隣り合わせに並べて、赤いテープで結ぶことになっている。

第二は、職務上の権限に基づく〝副収入〟。

たとえば最近は、病院の担当医師に金一封を渡さないと、手術をしてもらえなくなりました。医薬品や機材を納入する業者も賄賂を渡すので、膨大な副収入になります。ある病院の医師は、肩かけのカバンをもち歩き、人民元の札束を入れているという。しょっちゅう受け取るのでパンパンです。本給は大したことがないはずなのに、自家用車はロールスロイス。最近、習近平は、病院も締めつけを強化する指示を出したので、そろそろ危ないと思います。

でもこんなのはほんの序の口です。共産党幹部は、それぞれ業界ににらみを利かせていて、その権限は恐るべきものがある。見返りの現金収入を得る機会が多くあるから、副収入は天文学的な数字になるのです。

第三の特権は、幹部にしかできない錬金術。

セコい例から紹介すると、住宅。幹部は級別に応じて、単位（職場のこと）からアパートを配給される。4ベッドルームの権利があるが2ベッドルームに住んでいたとする。子どもに必要だからと、2ベッドルームのアパートをもう一軒、別にもらった。でも不要になったので、売ってしまった。売却代金がポケットに入る。1990年代以降、不動産取引が自由になったので、こういうことができるようになった。

こんな話もあります。改革開放のころ、ある都市の幹部の子女が香港の船会社から、たまに市長と会って食事をしてくれませんか、と頼まれた。市長とは子どものころからの顔見知りだった。市長と会ってたまに食事をするだけなのに、口座にそれなりのUSドルが振り込まれた。たぶん香港の会社は、市長とつながりがあるのだとにおわせることで、ビジネスがうまく運んだのでしょう。

峯村　幹部だけがもつ3つの特権を動かしているのが「関係（グワンシー）」、日本語で言う「コネ」に近いニュアンスです。「地方政府の高官と関係をもっている」とちらつかせるだけでビジネスを回していけるというのが、中国共産党の「人治」の根っこにあるのだと思います。これは、法律や制度よりも個人の権威や意思に基づいて社会や国家が運営される統治システムであり、儒教の思想に根ざしています。

橋爪　1990年代には、その錬金術がさらに発展していきます。珍しいタワーマンションが完成したというので、見学に行ったことがあるんです。まだ入居が始まっていないはずなのに、いくつかのユニットが塞がっている。聞いてみると、地元の警察が使っているのだという。そういう約束なんだそうです。

ここから先は、私の想像です。

このマンションは、地元政府関連のデベロッパーが開発した。電気や水道やガスや消防や警察や、ワンセットの利害関係者がいて、完成後はみんなで分譲分を山分けする話がついていた。残りを一般向けに販売する仕組みだったんじゃないか。

2000年代以降は不動産ブームになって、中国じゅうに巨大なマンションが建ち並びました。国有財産（実質は地元政府の管理）のうえに鉄とコンクリートでマンションを建て、分譲するとうんと儲かる。それを幹部で山分け、という意味不明なシステムになっている。

峯村　中国の不動産ブームは、橋爪先生のおっしゃる「3つの特権」をフルに活かすことで巻き起こったものです。そのいちばんの原動力となったのが、地方政府がもっている投資会社「融資平台《ゆうしへいだい》」と呼ばれるプラットフォームです。

国有財産である土地の売買に関し、地方政府は本来、中央政府が許可した債券の発行以外で資金調達できません。ところが、「融資平台」という別働隊を動かすことで地方政府の権限だけで売買できるようになった。土地の切り売りをして儲け、「関係」で分配するという錬金術は、改革開放後の中国で脈々と行なわれてきました。

私が中国に駐在していた胡錦濤政権の時代は、融資平台で資金を調達して、乱開発をして儲けるシステムが最も活発でした。ビルやマンションをつくればつくるだけ儲かるわけですから、完成後に入居しようがしまいが関係ありません。つくったけれども誰も住んでいないマンション群は、「鬼城《グェイチェン》」と呼ばれるゴーストタウンとなっています。いま、中国のほぼすべての地方都市で見ることができます。

温家宝夫人の錬金術

橋爪　錬金術に関しては、日本語の翻訳も出ている『レッド・ルーレット』（草思社）という本が興味深く、おすすめです。著者のデズモンド・シャムは1968年に上海で生まれた中国人で、子どものころ香港に移住し、アメリカに留学して香港に戻り、株式仲買人となりました。そして野心家の中国人女性ホイットニー・デュアンと出会って結婚し、二人で都市開発事業を始め、大成功します。

妻のホイットニーが胡錦濤政権の温家宝首相の夫人と仲よくなったのが運の向き始めでした。このツテで北京空港の物流センターを手がけるなど、巨万の富を得るプロセスが詳しく描かれています。2021年にアメリカでベストセラーになりました。

峯村　同書に登場する温家宝夫人、張培莉《ちょうばいり》には、私も会ったことがあります。おしゃれで煌《きら》びやかな装いをしていたことが印象に残っています。それもそのはず、夫人は宝石商でした。海外でも宝石の売買を手広くしており、相当な富豪だったそうです。夫の特権をフルに活かして、えげつない金儲けをしていたのでしょう。

共産党幹部の特権を語るうえで、温家宝は重要な人物です。温夫妻に焦点を当てた『レッド・ルーレット』には、著者のセンスのよさを感じます。

温家宝は、胡耀邦、趙紫陽、江沢民という三代の総書記のもとで、日本でいう女房役の官房長官にあたる中央弁公庁主任を務めました。この三人は思想も政策も異なっており、胡耀邦と趙紫陽は失脚しています。この三人に仕えた唯一の高官こそが、温家宝です。さらに、胡錦濤政権では首相に引き上げられました。院政を敷いていた江沢民と胡錦濤が対立していたにもかかわらず、その双方とも良好な関係を築きながら、権勢を振るった温家宝は只者ではありません。

私自身も北京特派員時代、温家宝本人を取材する機会がありました。2008年の四川大地震が起こるとすぐに被災地に赴いて慰問をしました。テレビクルーがカメラを回すタイミングで、被災者の手を握りながら大粒の涙を流していたのが印象的でした。2010年の訪日には同行しました。同行記者を引き連れて都内をランニングして、公園を歩いている人たちに気さくに話しかけたり、上智大学の野球部の練習に入ってキャッチボールをしたりしていました。表情豊かな役者だと思いました。

いっぽう、1989年の天安門事件では、総書記だった趙紫陽と一緒に天安門広場に行きました。「みなさん、これ以上やると犠牲者が出るからやめましょう」と学生たちに呼びかける趙紫陽の後ろに控えて甲斐甲斐しく仕えていた。しかし、趙紫陽が失脚した途端、新たに就任した江沢民にすり寄った。その意味では、実にあざとくて、真の悪人なんだと思います。

そして、温家宝の出世に歩調を合わせるように、妻の張培莉は夫の特権をフルに活かしてビジネスを拡大していきました。温家宝の首相在任中にも、米紙『ニューヨーク・タイムズ』がファミリーの不正蓄財について報道し、大きな話題になったことがあります。相当な政治的ダメージにもかかわらず、いまだに失脚をしていません。

こうした温家宝のしたたかな処世術の価値を最もわかっていたのが、習近平です。温家宝のこれまでの罪状をもみ消す代わりに、自らの権力掌握を手伝わせることにしました。だからこそ、温家宝はこれだけの疑惑を抱えながらも、処罰されずにいまに至るのです。

生産要素をすべて支配

橋爪　では、幹部がそうした特権を握っている中国は、まともな資本主義だと言えるのだろうか。それには、資本というものを定義しなければならない。

経済学のおさらいですが、まず、資本主義社会は、商品の集まりです。

商品は売り買いされるだけでは、価値を生みません。利潤も生まれない。コンスタントに利潤を生むには、生産要素（土地、労働、資本）を組み合わせて、生産活動をする必要がある。それが、資本主義経済です。

これらの生産要素は本来、別々の人間が支配しているものなんです。土地は、地主が支配している。労働力は、労働者本人が支配している。資本は、資本家が支配している。それを市場で売買して、地主は地代を、労働者は賃金を、資本家は配当や利子を受け取るわけです。

そして、私の分析によると、中国は事情が違う。中国共産党がこの3つの生産要素（土地、労働、資本）をすべて支配しているんです。そんなやり方はあるはずがないから、近代経済学の本には書いてありません。でも現に、そうなのです。現に中国共産党として存在している。

峯村　そのとおりです。

橋爪　その支配のやり方を、個別にみていきます。

まず、労働力。労働者は中国に何億人もいますが、およそ1億人の中国共産党員が労働者の中核です。

中国共産党員は、文化大革命のところ（第二章）でも述べた「個人档案」という、履歴書のようなもの（パーソナルデータ）で、党に個人履歴をがっちり把握されています。本人はこれを見ることもできない。

では、どうやって個人档案は作られていくのか。

大学に入学すると、指導員というものがいて、学生一人ひとりの素行をチェックする。個人档案の1ページ目が始まります。卒業すると、就職先には大学から個人档案のファイルが届いて、上司がその先を書き足していく。転職してもそのたびに、個人档案はついて回ります。

昔は紙ベースでしたが、いまはデータベース化されていると思います。中国共産党は党員の人事データベースを完全に把握しているわけです。

理屈から言えば、党は人事命令を出して党員の部署を異動させることができます。たとえば、職場で有能なら、市政府ではたらけとか、国営企業に移れとか、党中央に来いとか、どんな命令でも出すことができる。

中国にはたくさんの企業や組織がありますが、共産党の立場でみると、それらはたったひとつの職場。その人事権をもつのが中国共産党の組織部で、その組織部長は中国全体の人事を左右できるという、とんでもない権限の持ち主です。労働者である党員からすれば逃げ場がない。

峯村　個人档案をベースにした労働力の支配は、共産党統治の権力の源泉になっていると言っても過言ではありません。

実は、個人档案は私のような外国特派員のものも作られています。私は中国の警察の知人に、「お前の档案はすごい分厚いのがあるぞ」と言われたことがあります。過去にどんな人とつきあい、どのような食べ物が好きだとか、どのような発言をしたのかといったあらゆる個人情報がファイリングされています。

たとえば、2014年に中国の「反スパイ法」が施行されて以降、少なくとも17人の日本人が現地で拘束されています。いずれの事件も着手前、当局が17人の個人档案から「さて、どの罪で拘束しようかな」と選んでつかまえる。そうした運用がされています。

これは中国共産党員に関しても同様で、組織部というとんでもない力をもつ部署がターゲットを定めた時に、档案から過去の犯罪行為をピックアップして、「じゃあ、この容疑でいきますか」と罪状を詰めていきます。反腐敗キャンペーンで政敵を潰す際は、中央紀律検査委員会が調べますが、どんな人であっても档案には、小さいものから大きいものまで、大体は何かしらの罪が書かれているものです。

そうした権力のいちばんのトップに立つのが党総書記です。全党員の個人情報を見られるから、超法規的な権力をもって政敵をことごとく潰せる。

橋爪　日本なら、ある企業でダメでも、別の企業に転職できます。大学に残れなくても、民間企業や政府に進む道がある。捨てる神あれば拾う神ありです。

でも中国には、中国共産党しかない。そこで失敗の烙印《らくいん》を押されると、少なくとも中国では一切、芽が出ません。亡命でもするしかない。中国の人びとがみないざという場合に外国に行くことを念頭に置いているのは、中国共産党の仕組みで人生がダメにならないように保険をかけるためです。これが、中国共産党が労働力を掌握している実態です。

組織の合理性が損なわれる

橋爪　こうした中国共産党の人事の仕組みは、伝統的な中国の官僚制を、大きくはみ出しています。
まず、官僚の人数が違う。伝統中国では、中央政府の官僚はほんのひと握りでした。中央の役人と地方で長官になるような人は、リストアップされていましたが、それ以外の人びとの個人情報はどうでもよかった。

中国共産党は党員の人数がどんどん増えて、そろそろ1億人です。人数が多いうえ、情報の把握の仕方も徹底しています。これからは、生成AIを使うなどして、膨大なデータベースから共産党に不都合な人物を自動的に検出するなんてことは、簡単にできるはずです。

峯村 中国共産党の党員は、生殺与奪の権を党にグリップされているのです。

橋爪 たくさんの組織を中国共産党がまとめて掌握すると、生じる問題がほかにもあります。

近代社会になぜたくさんの組織があるかと言えば、それぞれの組織が別の目的をもっているからです。議会は立法をし、政府は行政をし、裁判所は司法を行なう。大学は学術研究をし、一般企業は利潤を追求して競争する……。目的ごとに組織が分かれている。しかし、中国共産党はそうしたどの組織にも入り込んでいて、その組織の目的よりも、共産党の政治目的を優先するのです。

党の利益を優先すると、組織の合理性が損なわれます。企業は企業として行動できず、裁判所は裁判所として行動できず、学術機関は学術機関として行動できない。それがこの仕組みの問題点です。

結果、政経分離も政法分離も起こらない。企業は党の意向に沿うような運営をするし、法曹家は党の指令に従うので、法律に忠実ではなくなります。そして、政教分離ができません。政府と独立した宗教団体は存在できないからです。政学分離もできません。大学の研究や教育も、党の要請に従うからです。

このように組織の機能目的が損なわれ、人員の最適配置ができないのは、近代化にとって大きな障害になります。中国共産党が、中国社会の近代化を阻害してしまう。これが、人的資源を一元的にコントロールする共産党の問題点です。

不動産バブルはなぜ生まれた？

橋爪　中国共産党による土地の支配も、大きな問題をはらんでいます。

中国の土地はすべて国有なので、政府（つまり、共産党）による強権的な接収が可能です。

中国によくあるコンクリートの集合住宅は、もともと単位（職場）が供給するもので、職住近接が基本でした。中国の都市は交通インフラが脆弱で、移動コストを最小限にするという考え方でできていた。電車やバスが足りないのを、自転車で補っていました。

ところが1990年代から、単位は住宅を供給するのをやめ、民間のマンション（商品房）が主流になりました。するとマンションは資産になり、投機の対象になってバブルが起こります。

単位の代わりに住宅を供給するようになったのが、先ほど峯村先生がおっしゃった地方政府です。地方政府や近隣の農村が都市開発を計画すると、まず用地を確保します。必要なら住民を半ば強制的に立ち退かせる。そこに建設業者、銀行、交通部門、学校や病院、福祉施設など、さまざまな機関が寄ってたかって、地方政府の音頭のもと、生活インフラを整備し、新しい街ができあがる。

マンションが完成すると分譲されます。分譲価格は原価と関係なく高めにつけるので、地方政府は丸儲けです。土地はタダみたいだし、鉄やセメントやエレベーターや労働者の賃金なども知れたものです。こんなうまい話はない。

うまい話なので、みんながやります。みんながやるので供給過剰となり、不動産バブルが崩壊、鬼城が出現するというわけです。

峯村　そこで主導的な役割を果たしたのが、先ほども触れた地方政府の投資会社、融資平台の仕組みです。不動産バブルで鬼城があちこちに出現するなか、いまの習近平政権は、反腐敗キャンペーンの一環として融資平台を取り締まりました。

その目的のひとつは、地方政府の独自財源を断つこと。それにより中央の権限を強めて言うことを聞かせようという側面があります。

なぜ、中央は地方政府の財源を断たなければならないのか。

私が北京特派員をしていた2009年、中国政府の現役高官から請われ、中国の民主化についてサシで議論しました。中国が民主化をする過程において、「日本の地方交付税のように地方政府に財源を少しずつ委譲することが重要だ」と私から提案しました。ところがその高官は「峯村さん、何を言っている？　もし我が国において、中央政府から地方政府に金を渡したら、その瞬間に中央の言うことを聞かなくなり、国は四分五裂するでしょう」と反論しました。

実際、習近平と同じ紅二代のライバルだった薄熙来は、重慶市で書記を務め、その間にバンバン開発をして儲け、地方の一大勢力を築いていました。放っておけば、中央に反旗を翻すほどの勢いだったんです。これに危機感を覚えた習近平が、反腐敗キャンペーンの最初のターゲットとして薄熙来を選んだのは必然と言えるでしょう。

融資平台はまさに地方政府にお金と権限を渡す仕組みです。習近平は第二、第三の薄熙来ができないように、「反腐敗」を掲げてそこにバサバサとメスを入れ、自らの権力基盤を固めていったわけです。

橋爪　過去何十年も、中国経済の成長を支えてきたのが都市開発でした。行け行けどんどんの地方政府にストップをかけるのが、10年以上遅れました。

峯村　融資平台を潰すキャンペーンのもうひとつの目的は、不動産バブルで人民の間に広がった格差を是正するというものです。

バブルで住宅価格が高騰したことで、中国の若者にとって最も重要なステータスである住宅に手が届かなくなりました。住宅が買えない未婚男性は女性に見向きもされません。

特に、子育て世代に人気の高い、北京や上海などの大都市の優秀な学校がある地域の住宅価格はとんでもなく高くなっており、とても一般人には手が出せなくなっています。習近平が提案する「共同富裕」とは、相容れない状況と言っていいでしょう。

そこで〝人身御供《ひとみごくう》〟となったのが、不動産バブルの温床となった融資平台でした。習近平が融資平台を叩いたことによって、中国の不動産デベロッパーが次々と倒産、破綻しているのは、近年報じられているとおりです。習近平政権としては、格差の象徴である融資平台を徹底的に潰すことで、民心を得ようとしたのです。

しかし、実は不動産関連は中国のGDPの40％近くを占める主要産業でした。これを潰せば、当然、経済自体が減速します。習近平はそれを覚悟のうえで断行して、共同富裕を実現させようとしているのでしょう。

橋爪　少し話を戻し、なぜ中国で強権的な土地の収用・接収が可能なのかを考えたいと思います。

それは住民に居住権がないからです。日本だったら居住権があるので、住んでいる住宅を理由なしに追い払われることはありません。開発業者は、相当な対価を払うか、暴力団を使って地上げをするか、どちらかになります。

中国では裁判が機能しないことは、さっき述べました。暴力団も必要ありません。地上げをやる地方政府は、暴力団と同じです。それで儲けを生み出すというのが、中国の土地の仕組みです。

峯村　中国共産党の中枢に近い幹部に、「中国共産党を一言で表わすと何ですか」と尋ねたことがあります。この幹部は「世界最大の黒社会だ」と即答しました。ヘイシャーホェイ、要はマフィア組織だという意味です。トップがいて、みんな上意下達で動いて、暴力も厭《いと》わないという点では、まさに橋爪先生のおっしゃるとおりだと思います。

具体例で申し上げると、2008年の北京五輪の前に、大規模な再開発をしていました。数週間出張で不在にしただけで、戻ると住宅街が丸ごとなくなっていたこともありました。五輪の成功という中国共産党のメンツのために、住民の意思とは関係なく、問答無用で家や商店が破壊されるのです。賢い住民は取り壊しを避けようと、玄関に大きな毛沢東の肖像画を掲げていましたが、それでも壊されていました。まさにヤクザの地上げを見るのと同じ光景でした。

先ほどは、習近平が「共同富裕」のために、融資平台を目の敵《かたき》にして潰した話をご紹介しましたが、そのいっぽうで、習近平肝煎《きもい》りの無茶な開発がいくつか進められています。北京の隣にある河北省の「雄安新区《ゆうあんしんく》」と呼ばれる新都市開発です。世界最大の水力発電所である三峡《さんきょう》ダムの倍以上となる約6100億元（約12兆円）をつぎ込んでいます。なぜこの場所が選ばれたかと言えば、習近平の母、斉心の出身地だからです。母親を愛して尊敬する習近平があえて選んだのでしょう。

私も現地を訪れましたが、湿地帯で地盤沈下が激しい土地です。夏は水の腐ったような異臭がして、新都市の開発はとても難しそうなところでした。すでにいくつかの建物ができあがっていて、北京から政府機関を移そうとしていますが、なかなか進んでいません。そうした無理のある開発プロジェクトでも、一強体制の習近平がやると言えば強引に進められてしまう。共産党の不合理な土地開発の象徴だといえます。

橋爪　地主は土地をバラバラに所有して個別の利害をもっているので、政府への抵抗勢力となり、土地を合理的に使用する保証にもなります。もし地主がいなければ、権力だけで土地の用途が決まってしまうため、権力が適切に土地を使用しなかった場合、たいへんな不合理が起こる。雄安新区はそのよい見本です。

党中央が大株主

橋爪　では続けて、共産党による資本の支配についてみていきます。

資本とはひとまず、工場などの生産設備のことです。これらは生産に役立ちますから、希少で価値がある。これら資本にはたいてい所有権が設定されていて、それが株券や債券のように証券化されています。その持ち主には配当や利子が支払われる、というのが資本主義の基本的な仕組みです。

共産党の中国では、資本は国有でした。とは言っても、管理はいい加減そのもの。工場などの生産設備を誰が所有し、誰が配当を受け取るのか、資本設備を合理的に使用するメカニズムが存在しませんでした。

これを株式（股票）制に移行しようとする取り組みが、１９９０年代に始まりました。以前に聞いたところでは、次のようなやり方でした。

ある国有企業が株式を発行しようとします。その企業の資産を担保に株券を発行する。

印刷された株券を3つに分けて、一部分は政府に上納。もう一部分は労働者に分配するなり市場で売却するなりする。残りは幹部で分けてしまう。

幹部で株を分けるとは、これまで国有企業を管理していた中国共産党の人びとが、一夜にして資本家になってしまうということです。そして、経営者として管理を続けることになります。市場に売られず手元に残った未公開株は、ここぞという誰かに配って、利権に変換されるかもしれない。

要するにどういうことか。

国有財産のネコババです。もともとの国有企業の資産をネコババして自分のものにし、資本家に収まる。中国で生まれたこのプロセスは、かつてなかったものです。

本来の資本主義は、小さな企業から始まって、刻苦勉励して節約して貯蓄し、やっとのことで最初の資本を獲得する。「原始蓄積過程」というプロセスがあるとマルクスは『資本論』に書いています。中国では、社会主義計画経済によって資本が蓄積されていたのが原始蓄積過程だった。それが突然、資本主義経済に看板を掛け替えた。マルクス主義の教科書にも近代経済学の教科書にも書いてないことが起こりました。これが改革開放なのだと思います。

峯村　1987年の第13回党大会で提起された「社会主義初級段階論」が、今日に至る中国の矛盾の根源だろうと思います。この考えは、中国の社会主義はまだ生産力が低く、初級段階にあるので、これから生産力を上げて工業力を高め、近代化、現代化を実現するまでは資本主義を一部導入していいのだ、というものです。これを根拠に改革開放を正当化しました。そして、市場経済を発展させるとともに、政治の面において民主政治を実現していくことも提示されました。

ところが、改革開放を進めていくにつれ、目標に掲げた社会主義の路線から外れていき、資本主義に向かって邁進していく結果となりました。さらに、政治面での民主化もほとんど進みませんでした。

橋爪　中国が資本主義を取り入れたことで何が起きたか。それまで国有財産の管理者だった党幹部が、国有財産の所有者になった。すると、次のようなことが起きます。

管理者だった時は、党幹部は党中央の指示に従って生産目的を実現したり、党への責任をもって仕事をしていました。ところが株券を発行したのなら、株主に対して責任をもたなければならない。それが資本主義です。でも中国では、株主に対してではなく、まだ相変わらず、党中央に対して責任をもっている。

これでは責任の所在が曖昧で、資本主義が合理的に運営できません。

党中央が中国じゅうの国有企業の株主で、株券をもっているのだとすれば、誰に対して責任をもつのか。党中央は中国全体の大株主であると言えると思います。

そして、株主総会は開かれません。配当しなくても構わないし、資本を有効に使っても使わなくても、誰も怒らない。ただ、党の目的に適っていると党中央が説明すれば終わりである、というかたちになっている。

だから、中国には、狭い意味での資本家はいないけれども、中国共産党が「資本家以上の資本家」になっている、ということだと思います。

峯村　そのようにして走ってきた改革開放路線を大幅に修正しようとしているのが、習近平政権だと思います。２０２４年7月に開催された、経済の大方針を決める三中全会（中国共産党第20期中央委員会第3回全体会議）では、資本主義化したことによる矛盾をある意味是正して、２０３５年までには、社会主義市場経済と中国の特色ある社会主義制度を構築することが示されました。

この路線修正は大きなインパクトがあると私は思います。橋爪先生がおっしゃったような「資本家よりも資本家」的な性格を党がもつことは許さない。習近平は、鄧小平以降に蓄積していた矛盾を一気に解決しようとしているのだと思います。

ファシズム以上の独裁

橋爪　そのように転換を図る習近平体制の本質を掘り下げていくために、もう少し中国共産党の性格について考えてみたいと思います。

中国共産党のように労働、土地、資本に対して大きな支配権をもつ体制は、過去にあったのか。中国共産党は、ファシズムなのか。ファシズムは強権的で、独裁的な体制で、よくないということになっています。

私は、中国の体制はファシズムではないと思います。

なぜか。ファシズムでは、地主がいます。ファシズムの独裁者といえども、地主の土地所有権を否定して取り上げたりしません。労働者もいます。労働者は自由な契約によって賃労働をしていて、会社に就職したり辞めさせられたりしています。ここではたらけと命令はできません。それから、資本家がいます。ファシズムの体制のもとでは私企業がいろいろあって、株券が発行され、資本家のチェックのもと、資本を合理的に使って利潤をあげようと資本主義的な行動をしています。

これを、ファシズムの独裁者は阻害しません。ただ、大きな権力をもっているから、国家目標を決め、統制経済を敷いて、戦争を起こしたりしますが、資本主義の骨格を破壊しているわけではありません。

ところが中国共産党は、改革開放の後、資本主義のこの骨格を破壊する方向に歩み出しています。たしかに共産党は労働市場、土地市場、資本市場をつくりました。つくったけれども、これまでの私の分析が正しければ、それが機能しない方向で運用している。

こうして、ファシズムとは違った、ファシズム以上の独裁的権力を発明したのです。

峯村　なるほど、非常に興味深いご指摘です。

橋爪　少し長くなりますが、もう少しだけ続けます。

中国共産党の幹部は、資本家階級なのだろうか。

マルクスの分析によると、資本主義経済には資本家と地主と労働者がいる。そのほかにも、中小企業の生産者層とか、農民、知識人、宗教家など、計算に入らない人びとがいます。中国共産党の幹部は、このどれでもありません。中国共産党の幹部は必ずしも資本をもっているわけではありませんが、権力をもち、権限をもっています。この、中国共産党の幹部だけがもっている権力、権限が、共産党幹部という階層（階級）を特徴づけるものだと思います。

ところで、中国共産党のもっている権力は、憲法の定める権力ではありません。憲法の条文のなかに、共産党は出てこない。だから超憲法的、超法規的な権力です。それは、憲法に「中国共産党が国家と人民を指導する」とうたっていることからも明らかです。中国共産党の指導力は、国家を上回るのです。

国家のなかには労働と土地と資本があり、本来、労働者と地主と資本家がいるということになりますが、それらを頭越しに、すべて支配しているのが中国共産党です。その支配力が、共産党幹部が享受しているところの権力です。

この権力は、資本に対する支配力ですが、同時に、土地に対する支配力であり、人的資源に対する支配力でさえある。このように、経済学の教科書に書いていない社会階層が存在しているということが、中国共産党の本質だと、私は思うのです。

峯村　中国共産党の超法規的権限にこだわって、それを強化しようとしているのが、習近平政権だと言えます。

実は胡錦濤政権の時、共産党の指導を緩めて権限の一部を政府に委譲する動きがありました。いちばんの例は、人民解放軍の国軍化の議論です。「党が銃を握る」という言葉があるように、人民解放軍は1927年の創設以来、共産党の軍隊です。これを国家のもとに移すという議論が党内で行なわれていました。しかし、習近平政権になると、これを一蹴して、党の指導を強める方向に動きました。

2018年、習近平が演説で言及していた「党、政、軍、民、学、東西南北のすべてを共産党が指導する」という言葉は、非常に重要です。つまり、いかなるレイヤーの人もすべて党の支配を受けることを示したのです。それは、たとえば宗教団体でも例外ではなく、中国におけるキリスト教は、神がトップではなく、共産党がトップです。

さらに、われわれ周辺国からみて非常に危険だと思ったのが、「東西南北」という言葉です。つまり、共産党の権力は中国の国境を越えて広がっていくことを示唆している。これが重要です。

この演説のあと、中国は海外警察という組織をつくり、国外の中国人を取り締まるなど、主権が及ばないはずの外国でも警察権を行使しはじめました。２０１７年に制定された国家情報法では、中国国籍の人は海外に住んでいても中国共産党の諜報活動に協力する義務があると定めています。その支配はこれまで共産党支配の例外とされていた外資系企業にも及び、中国国内の外資系企業内に共産党組織をどんどんつくらせています。

すべてが共産党の細胞であり、すべてに党の血液を入れるんだ、というのが習近平政権の特徴で、これは胡錦濤前政権とはまったく異なるものです。

「第三の正統性」

橋爪　ここまでみてきたように、歴史上類例のない中国共産党を、いったいどうやって分析すればいいのか。そういう考え方の枠組みはありません。西側の社会科学は、政経分離や政教分離がきちんとできている近代社会を前提にできているので、中国をうまく分析できないのです。

まだしも使えるのは、マルクス主義だと思います。

マルクス主義は、社会の根底には階級があり、利害対立があって、階級闘争がある。でもその実態は覆い隠されている。それを明らかにして、社会を正しくしなければいけないという、強い強い動機に導かれている学問だからです。

中国には、マルクス主義の言うように、階級が存在する。でも、マルクス主義の教科書は、資本を誰が所有しているかを分析すれば、階級関係は明らかになると言う。中国ではそうはいかない。なぜか。それは、資本主義経済を軍事力によって制圧した集団が政府を樹立し、権力を握っているからです。

この軍事力をもった集団が、階級になっている。この階級は、資本ではなく、権力を所有することによって階級を構成している。権力は資本と違って、株券に証券化されず、私有もされない。交換もされない。ただ、権限として分配されるだけです。分配されたあとも全体的な権力の一部である、という性質をもっています。

そして、その権力は、中国の階級と支配の源泉である。権力があるから階級を維持できて支配ができるけど、その根拠は何かと考えると、権力なんです。権力が権力を生み出すという、にわとりとタマゴのような関係があります。なぜ中国共産党は権力をもつのか。それは、中国共産党が権力をもっているから、という循環になっています。

これが当たり前になっていて、中国の人びとはここから抜け出すことができません。とは言え、権力にはみなこういう側面があります。日本政府の場合を含めて。

中国の場合、どこが違うのか。日本政府やほかの民主主義政府は、憲法や法律があり、権力を法によってコントロールできるものにしようと、徹底的に考えていきます。しかし中国は、権力が権力を生み出し、中国共産党に権力があることの何が悪いのか、という考え方で、法律のもとにそれを置くことはありません。

権力が権力を生み出すことを、オートポイエーシス（autopoiesis）、自己生産といいます。自分が自分を生み出す関係になっている。利益を享受する幹部たちは、自分たちは利害を共有する団体だと自覚しているから、それを守ろうとします。

峯村　橋爪先生の分析のなかで、権力が権力を生み出すという構造は、実は中国のいちばんの弱点だろうと私は思います。

長年、中国共産党幹部らと意見交換をしていて感じることは、統治の「正統性」に自信をもっていないということです。

ある共産党の現役高官は、2012年12月に日本で第二次安倍政権が誕生した時、「信じられない。自分の都合でトップを辞めた人間がまた舞い戻ってくるなんて、うちの党ではありえないことだ。日本の制度に学ぶべきところがある」と驚いていました。最初は嫌味かと思っていましたが、そうではありませんでした。この高官が強調していたのは、選挙に勝って国民の負託を受けるということです。安倍晋三首相（当時）のように病気で退任しても、議員内閣制において、有権者に選ばれた国会議員によって再び自民党総裁に選ばれて再登板できたわけです。仮に国会議員がスキャンダルなどで失脚しても、選挙に勝ちさえすれば再登板の目があるわけです。

この高官の話を聞いて、こうした民主主義的な選挙を通じた国民の負託を得ていないからこそ、中国共産党は自らの統治の正統性に自信をもっていないことに私は気づきました。だからこそ、共産党は官製メディアを通じて、自らの成果や功績を誇張するプロパガンダ（宣伝工作）を展開しているのです。あわせて、国防費を超える治安維持費を投じて、ネット規制や国民の監視を強化して、反対の声やデモの動きを未然に封じ込めようと必死になってもいます。これはひとえに、民主主義のプロセスの欠如に起因しているのです。

橋爪　中国の支配階級である共産党は、軍事力による政権であり、その権力は法律のもとにあるのではなく、自らが権力を生み出す構造になっている。しかし、その実態を覆い隠す仕組みがあります。それを、マルクス主義の概念で上部構造といいます。虚偽意識ともいい、真実が視えないように、別の考え方（物語）を流通させるんです。

この上部構造は、まず、「人民共和国」という制度（あるいはフィクション）である。または、「毛沢東思想」「習近平思想」などのイデオロギーである。新聞その他のメディアによる、宣伝である。愛国教育である。警察や軍隊や秘密警察である。これらが一緒くたになって、権力の実態を覆い隠しているわけです。

権力と上部構造の関係はコインの表裏で、党によってひとつに統合されています。党はそれ自身が正統性を体現しています。党は武力であり、軍事力である。そして、党はつねに正しい。党は、言論や思想を提供して中国を指導する。党そのものがイデオロギーであり、イデオロギーを人びとに広める機関でもある。こういう、いくつもの役割を備えているのが中国共産党です。

中国共産党は近代的組織のようにみえて、近代を超えています。多面的すぎて、社会科学で分析するのはとても難しい。

峯村 そうした中国共産党の支配体系を支えてきたのが、プロパガンダです。統治のナラティブ（物語）をうまく創出して宣伝し、さまざまな問題や矛盾を覆い隠していたと言えます。

選挙などの統治の正統性の担保システムをもたない共産党が正統性を喧伝《けんでん》するために用いた「第一の正統性」は毛沢東時代につくられました。「中国共産党が、腐敗した国民党と邪悪な大日本帝国軍を打ち破り、新中国を打ち立てた」というものです。

毛沢東が大躍進や文化大革命で大失敗したあと、後継者となった鄧小平は、「改革開放で経済を豊かにして、その果実を人民に分け与える」という、「第二の正統性」を打ち立てました。ところがいま、この「第二の正統性」が大きく揺らいでいるというのが私の見方です。

エズラ・ヴォーゲル氏は、私と共同研究をしていた２０１３年の時点で、長らく一人っ子政策を続けてきた中国の人口動態や各種統計をもとに、「2025年に中国経済の成長はピークアウトする」という予測を立てていました。実際、新型コロナによるパンデミックの影響で少し前倒しになりましたが、ヴォーゲル氏の分析どおり、中国経済は急速に悪化しています。中国共産党は「成長の果実」を国民が満足するように分け与えることが難しくなりつつあります。

そんななかで誕生した習近平政権の最大の使命とは、「第三の正統性」を打ち立てることなのです。政権発足以来、前代未聞の反腐敗キャンペーンや、共同富裕などを必死になって打ち出しているのも、正統性づくりの一環だと私はみています。

橋爪　私も同感です。

中国共産党には、かつて国民党や日本軍という明確な敵がいて、たしかにそれを追い払った功績がある。中国は、はじめは西側諸国に比べて遅れていて、貧困でもあったが、戦争が終わり、毛沢東が人民共和国をつくったから、われわれはよい方向に進んでいる。そのために中国共産党が頑張っている、という実感がありました。

それが大躍進や文化大革命を経るうちに、おや?と思った。かえって悪くなっているんじゃないか。すると鄧小平が出てきて、こう言った。やり方が間違っていただけです。中国共産党は中国の人びとの生活を向上させるために全力を尽くしている。これは間違いないので、もうちょっと様子をみてください。それで現実に経済がめきめきよくなったわけだから、人びとは共産党に支持を与えることになった。

しかし、習近平になってくると、経済的にはある意味、ピークに近づいていて、これからどこに向かうのか、という話になっている。習近平は「中国の夢」と言い始めたけれども、せっかく経済が向上して、富を蓄積していったのに、なんで毛沢東時代に戻らなければいけないんだ、なんで民間部門をそんなにいじめなきゃいけないんだ、と中国の人びとは思っていると思います。

少子化で人口が減っていき、職がなく、経済も下向きで、いいことがひとつもない。もしかしたら、こんなに結果が出ないのは中国共産党のせいではないか、と思うようになった。

中国共産党は結果を出して正統性を証明してきたが、それは裏を返すと、結果が出なければ正統性が証明できない、ということです。なぜなら、すべての権力は共産党がもっているから。結果がまずければ、権力をもっている中国共産党のせいになる。それは、弱さと言えば弱さです。選挙があれば、主権をもつ人民が最終的な責任者で、それを負託された政治家が国民の意思を代行して政治を行なうわけだから、政治家と人民は共同責任、連帯責任です。でも中国共産党には人民と連帯責任を負う構造がありません。

峯村　だからこそ、習近平政権は無理にでも結果を出すことで正統性を証明しようと必死になっているわけですね。

では、習近平はどういう結果を出さなければならないのか。

習近平が2012年に打ち出した政治スローガン「中国の夢」は、「興国の夢」「強軍の夢」そして「統一の夢」という3つの柱からなります。では、「統一」とは何か。香港については、香港デモを弾圧したあとの2020年に制定した「香港国家安全維持法」によって、「一国二制度」に事実上の終止符を打って中国の完全なる支配下となった、と総括しています。そうなるといちばんの〝ミッシングピース〟は台湾です。「台湾統一」という結果を出さなければいけない、というのが、習近平の避けられない宿命なのです。

これは、中国共産党の「第一の正統性」をつくった毛沢東が果たせなかった「夢」でもあります。国共内戦で国民党を打ち破り、台湾に逃げた残党をあと一歩まで追い込み、いよいよ台湾に派兵しようと準備していた時に、朝鮮戦争が起きました。ソ連のスターリンの圧力を受け、毛沢東は北朝鮮を支援するために人民義勇軍を派兵せざるを得なかった。これによって人民解放軍は損害を受けたため、台湾を侵攻するのに十分な兵力を確保できず、あと一歩のところで「統一」は実現しなかったわけです。

毛沢東の果たせなかった「夢」を成し遂げれば、まさに中国の創始者、ファウンダーを乗り越えることができる。習近平に課せられた「第三の正統性」をつくるうえで、「台湾」こそがワイルドカードになる、と私はみています。

橋爪　習近平が軍事的冒険主義に追い詰められていくということですね。私の見方もまったく同じです。

デジタル・レーニン主義の監視社会

橋爪　しかし、「台湾統一」で中国の人びとがまったく一致しているかどうかは、読み切れないところがあります。

もしいまの習近平政権に対して、中国の人びとが心底正しくて素晴らしいと信じていれば問題ないですが、私の感覚では、シロアリに食われるように、中国の人びとの信頼はかなり腐蝕していて、真剣に中国共産党の言うとおりだと思っている人はいなくなってきたんじゃないかと思います。

そういう人びとの不満の声が、ある時に噴き出して、大きな社会勢力になるものなのかどうか。潜在的なエネルギーは溜まっているけれども、それが噴き出さないような仕組みができているのではないか。

峯村　まさに、いまの中国共産党による統治の重要なポイントだと思います。中国には日本メディアのような世論調査がないので、正確にはわかりませんが、最近の経済減速やコロナ禍における厳しいロックダウン（都市封鎖）によって、国民の不満はくすぶっています。

橋爪先生がシロアリの例でおっしゃったように、こうしたたまりにたまった不満の矛先は、中国共産党に向けられてもおかしくありません。ただ、中国全土においてＡＩが搭載されたカメラによる監視体制が敷かれており、かつての天安門事件のような大規模な抗議運動は起こしづらいのが現状です。

　こうした状況に失望した中国の人びとは、海外を目指すようになっています。先日、アメリカ西海岸のカリフォルニア州にいる中国系アメリカ人の弁護士と意見交換をしました。2023年に入って、メキシコ経由でアメリカに亡命する中国人が増えているそうです。中国人でもビザがいらないエクアドルに空路で入り、ほかの中南米の難民らとともにバスなどを使って陸路でアメリカ入りする。この弁護士によると、このルートでアメリカ入りする中国人は前年比で20倍近くになっており、中間層がほとんどを占めると言います。この人たちの多くが、習近平体制下の思想や言論の統制に嫌気が差して、出国を決めたと語っているそうです。

　こうした流れはアメリカだけにとどまらず、日本へも富裕層を中心に移住する人が急増しています。いずれも中国を覆う閉塞感から逃れたいという国民の思いなのでしょう。

橋爪　中国共産党の幹部は、いざという場合に海外に逃げ出せるように、子どもを海外に留学させるなどして永住権や国籍を取ったり、資産を移転させたりしている。そんなことをしていない人は一人もいないというくらいで、かなりシロアリに食われた状態が進んでいると考えていいでしょう。

それでも、中国の人民の間に溜まった不満の爆発を押しとどめているのは、権力がかたちを変えた、いわゆる「監視社会」というものだと思います。

中国は、監視カメラによる顔認証や盗聴技術などさまざまなテクノロジーを使い、ジョージ・オーウェルが『1984年』で描いたディストピアに近いことをやっています。

そうした中国共産党の監視の性質を考えると、実は共産党は共産党が監視しているのです。

共産党以外の独立した組織は、事実上、存在しないことになっていて、国内のすべての組織のなかに共産党が入り込んでいる。共産党を監視するつもりなら、すべての組織が監視できることになります。

逆に言うと、共産党の監視の目を逃れて何かアクションを起こせるのは、共産党だけです。軍もそうかもしれないが、軍のなかにも共産党が深く入り込んでいるので、党の一種だと考えられる。

峯村　そうした共産党による強力な締め付けは、習近平政権3期目に加速しています。

『1984年』よりも厳しい世界と言ってもいい。

橋爪　国民を監視するのには監視カメラやSNSが使われますが、党が党を監視するツールは、そうした技術に依存しません。

党の地方組織が独立して反逆する可能性は、人事や何かで防げます。党中央のある系統の組織が独立して動く可能性があれば、党の紀律検査委員会などでチェックします。党の紀律検査委員会が独立して動く可能性があれば、公安警察や秘密警察やほかの組織でチェックします。

いずれにしても党中央の誰か、スパイマスターのような人物のコントロールによって、党中央が脅《おびや》かされないようになっている。そのスパイマスターと総書記（いわゆるナンバーワン）との関係は、じかの人間関係ですから、ナンバーワンの技量でクーデターが起こらないようにコントロールしている。これは、中国共産党の伝統的な技術ではないかと思います。

峯村　中国共産党の監視体制は、「デジタル・レーニン主義」と言われます。ドイツの政治学者セバスチャン・ハイルマンが、デジタル技術による監視社会によって、ロシア革命の指導者であるレーニンが建国した旧ソ連の全体主義が再来することに警鐘を鳴らしたものです。

中国には2億台の顔認証付きの監視カメラが設置されています。これは「天網システム」と呼ばれ、わずか4秒ほどの時間で、20億人のなかからターゲットの人物を探し出すことができるものです。

さらに、新型コロナ対策で導入された追跡アプリの存在が大きい。アプリをインストールしたスマホを追跡することにより、監視カメラとあわせると、対象となる人物がどこで何をしているのか、リアルタイムで正確に追えるようになりました。

中国政府の関係者は、「天網システム」を完成させるのに苦慮していたところ、「新型コロナのおかげで追跡アプリ導入の口実ができた」と証言していました。監視カメラと追跡アプリで、中国版「デジタル・レーニン主義」は完成したと言っていいでしょう。

先に申し上げたように、コロナ禍の終盤、2022年に起きた白紙革命は天安門事件以上のインパクトがありました。これを潰したのが「デジタル・レーニン主義」に基づく監視体制です。同年11月には新疆ウイグル自治区で起きた火災をきっかけに、若者たちの抗議行動に発展したものの、これもすぐに芽を潰されました。かつてないほど溜まっている国民の不満を前例のない強力な監視体制で抑えつけている。プロパンガスが満タンに入った頑丈なボンベを下から加熱しているようなイメージです。

圧力が急速に高まったガスがどうなるのか。堅牢な容器がどこまで膨張したガスを押し込めておくことができるのか。もし爆発するならばどのようにぶっ壊れるのか。だれも予想ができない状況となっています。

中国で革命を起こすには

橋爪　中国共産党は、結党以来強化してきた監視体制に、万全の自信をもっています。中国共産党の支配によって、なんでもできると。

たとえば、改革開放ができて、ほぼ資本主義経済の仕組みを運営できた。資本主義経済が下で、党の支配が上、というやり方。社会主義市場経済ですね。

この党の権力が、西側世界に対して優位なのか、優位ではないのかという問題だと思います。共産党が優位ではないと中国の人びとが思えば、これを放棄するはずです。

2004年に亡くなった楊小凱《ようしょうがい》という中国系オーストラリア人の経済学者が、中国について「後発劣位論」という論文を書いています。通常は「後発優位論」といい、あとから近代化した場合、先進国を真似していくから経済成長のスピードが速く、無駄がなく、優位なのだ、という議論です。これがさんざん語られてきました。が、楊氏の後発劣位論は、あとから近代化すると、肝腎なところが近代化できず、結局、先進国のレベルにたどり着けない、という議論です。

具体的に言うと、政治の近代化です。中国は共産党の権力で近代化を進めたから、共産党の権力そのものを近代化するという課題を後回しにしました。毛沢東はハナからそんなことは考えておらず、鄧小平はそれを後回しにすると言った。習近平は、またハナからそれを考えていないという態度になってきました。

しかしこれは、近代化にとってはたいへんな欠点なのです。人びとの合意や献身、国民としての主体性を動員しようとするのに、たいへんな弱点となる可能性があります。楊氏の指摘を受けて、香港大学人文社会学研究所の所長の陳志武《ちんしぶ》氏が、後発劣位論には合理性があると述べています。

中国の権威主義的なシステムが、中国自身にとってプラスになるのか、マイナスになるのかという議論は、まさに考えどころだと思います。

峯村　楊小凱氏の「後発劣位論」が発表されたのは2000年です。インパクトがある内容だったので私もよく覚えています。

楊氏の理論でいちばん重要なポイントは、「国家の利己的な行動によって民間経済を圧迫することが、長期的な発展を阻害する」と指摘している点です。国家を習近平に置き換えると、まさに中国の現状そのものです。トップの独断による経済政策が、民間経済を痛めつけています。それを楊氏は20数年前に予見しているわけですから、先見の明があったと思います。

橋爪　いろいろな国で権威主義的な体制ができてもよかったのに、なぜ中国にだけ、こんなかたちの独裁政権ができたのか。中国の伝統的な社会の成り立ちが下地になっている可能性を考えなければならない。中国の人びとが、権威主義的な権力のあり方以外のイメージがもてず、それ以外の社会経験がないから、中国共産党の支配を受け入れてしまっている、という可能性です。

もし、伝統的な人びとのメンタリティに基づいているのであれば、支配体制が権力的であっても、マグマのような不満が溜まっていても、爆発しないかもしれない。

では、このような中国で、革命はどのように可能なのか。中国共産党を排除して、党幹部を打倒し一掃する革命は、広範な人民大衆の決起によって可能になるというのが、マルクス主義で中国を分析した場合の見通しです。

マルクス・レーニン主義によれば、共産党支配の真理に目覚めた人びとが、こっそり革命を指導する前衛党を政府に秘密につくるべきなのですが、政府の監視能力が強すぎて、秘密につくれる余地はありません。革命の主体をつくろうとしても、いま権力を握っている中国共産党には敵《かな》わない。

けれども、チャンスはあります。それは何か。中国共産党は、党が正統であるということを証明しなければならないのですが、必ず失敗します。党が正しいのは党が正しいからだ、という同語反復でしか、党が正統であることを主張できない。そこで、党を内側から考察し、党の本質についてわかってしまうということが、唯一、党を壊す可能性に繋がると思う。その可能性は、本書にある。本書に書いてある考察を理解した人は、中国共産党を内側から壊すカギを手に入れたことになるのです。

西側世界への反発

橋爪　中国共産党についていろいろな角度から考えてきました。整理すると、現代の中国には、以下の3つの要素が集まっていると思います。

第一は、伝統的な儒学を下敷きにした官僚制があることです。その特徴は、能力主義の抜擢人事ですが、これは中国の人びとにとてもよく馴染んでいる。能力主義の抜擢人事は近代的なところがあって、効率のよい機能集団を構成するのに利点があるのです。

第二は、西側世界の要素。西欧キリスト教文明のグローバル基準で、社会を運営しようとしている。特に経済の仕組みは、ほぼ西側ルールに従ってやっているようにみえる。

歴史をみれば、西側の主導権で、中国や第三世界に資本が進出し、植民地にしたりするケースが多かった。社会主義の時代を挟んだことで、中国は、西側世界の主導権に対する決定的な警戒心、敵愾心《てきがい》をもっています。だから、資本や技術を受け入れても、中国共産党の主導権を失わないようにする仕組みを考えた。

西側は、資本が進出できて貿易ができるならかまわない、と最初はこれを受け入れました。特に、中国に工場を建てた場合、労働者が賃上げを求めてストライキをするなど、収拾がつかなくなるカントリーリスクがないよう、中国共産党が保証してくれるのは、むしろ都合がよかった。1980年代から1990年代は、西側の思惑と中国側の思惑がまあ一致していたから、高度成長を続けられた。グローバル資本主義の一角を、中国が占めるまでになりました。

そして第三の要素は、中国独自の選択。中国共産党による統治です。はじめはマルクス・レーニン主義にみえたけれども、その実は、中国的ナショナリズムでした。いま、ナショナリズムをとおり越して、中国的ウルトラナショナリズムになっています。

以上、伝統的官僚制／グローバル資本主義／中国的ウルトラナショナリズム、の3つが重なったものが、中国共産党による現代中国です。この中国モデルに、共産党は自信を深めています。西側のルールを排除し、自分たちは例外であるというふうに、特権を主張しています。

このやり方がねじれているのは、西側世界を排除しつつも、西側世界の承認と尊敬を得たいと思っている点です。それは多分、西側世界から屈辱を受けたからです。

峯村　国辱、国の恥ですね。「中国の近代史＝国辱」という発想は、習近平政権の外交戦略を考えるうえで、きわめて重要な行動原則です。

橋爪　その屈辱は日本も受けているから、少しはわかります。

その昔、アメリカで排日移民法が成立した時、西側世界に対する敵愾心が日本では沸き起こった。日本の軍事行動を支持する人びとが増えた。でも、植民地になったわけじゃないから、日本の場合はただのかすり傷です。

中国の場合はアヘン戦争から始まって、日本とは比べものにならないほど、自尊心を深く深く傷つけられてきた歴史がある。これをはね除けたいという強い感情がある。それをそのまま表出できないから、「中国の特色ある」独自の近代化の道を歩んで、西側世界から承認と尊敬を得たいと願ったとしても無理もないのです。

これが中国の近代化を動かすエネルギーだとすると、この感情は、かなり多くの中国の人びとに共有されている可能性があります。共産党の愛国教育やイデオロギー教育がなかったとしても、こういう歴史的トラウマを負ったんだから、いまは自分たちの言い分を通す番だ、と思うのかもしれない。

峯村　習近平政権の政治スローガン「中国の夢」のなかにも盛り込まれていますが、特に清朝は非常に弱かったために、欧米諸国や日本から辱めを受けて、国土が分裂して混乱してしまったというナラティブは、末端の中国人まで浸透しています。

中国の近代は明らかに恥の歴史だった。ゆえに、国の分裂を許してはならず、強い国をつくらなければいけない、と固く信じています。これは裏返すと、「統一」という意味です。強国になるには国家を統一しなければいけないのだ、というロジックに昇華させたのが、いまの習近平体制の対外政策の肝であると思います。

その起点がアヘン戦争であることは、これまでの習近平の演説からも伝わってきます。その時にイギリスに奪われたのが香港です。習近平は、2019年に起きた香港の民主化デモを、力で抑えつけました。そのうえで、翌2020年に「香港国家安全維持法」を施行し、その執行機関である中国政府の出先機関「国家安全維持公署」を、香港島のど真ん中、ビクトリアパークの真横に設置しました。

ここに中国政府の人間、治安部隊の人間、情報機関の人間を派遣し、実質的には、香港を直接統治することに成功しました。これで、イギリスから香港を完全にとり戻したと言ってもいいでしょう。この事実は、２０２１年に習近平が採択した「歴史決議」のなかで、「習近平による、愛国者による統治によって香港を混乱から安泰へ導いた」と表現されており、「成果」として総括されています。

これまで述べてきたとおり、残るいちばんのミッシングピースは台湾ですが、台湾は恥の起点である清朝時代に、日本との戦争で負けて失った土地であり、国民党の残党を逃した「地域」でもあるという「２つの恥」が凝縮されているというのが、中国の見方です。だからこそ、中国近代の恥を克服できる最大のカードが台湾であるというロジックが成り立つわけです。

第六章

ポスト習近平の中国

峯村　先述のとおり、習近平はほとんどの政敵を一掃し、「超一強体制」を築くことができました。相対的な権力でみれば、毛沢東をしのいだと言ってもいいでしょう。では、トップの習近平の身に何かがあった場合、中国共産党はどこへ向かうのか。その場合、習近平の次を担う指導者は誰になるのか。これは非常に重要なテーマです。

橋爪　これから詳しく議論したいと思いますが、独裁的権力をもつ習近平自身が、中国共産党の、そして中国の抱えるリスクになってしまっています。

峯村　2024年7月の三中全会の終了直後から、私のスマホの充電がなくなるほど、海外の政府関係者から連絡が来ました。「習近平が軍幹部による暗殺未遂で重体になっているという情報を聞いたことがあるか」「習近平が何らかの病気で倒れて車いす生活を余儀なくされているようだ」などの問い合わせを受けました。

私もいくつかの異変に気づいていました。三中全会を報じる国営テレビのニュースで、いつもは流れるはずの現場映像がありませんでした。また、共産党機関紙、人民日報の一面を連日飾っていた習近平関連の報道も一時なくなりました。状況証拠を重ね合わせると、習近平本人が表に出られない何かがあったかもしれない、と思いました。しかし、いくつかのソースにあたりましたが、原因を特定することはできませんでした。

ここで重要なのは、習近平が公の場から数日間消えただけで、なぜこれほど各国政府がざわついたのか、という点です。それはひとえに、習近平の代わりとなる人が共産党内にいないからです。「党が銃を握る」という基本原則により、共産党トップの総書記が軍トップの中央軍事委員会主席を兼任しています。軍人ではない文民が軍を制御する中国式の「シビリアンコントロール（文民統制）」と言っていいでしょう。胡錦濤前政権までは、トップに何かあった場合に備えて、「プランB」を用意していました。後継候補となる高官を国家副主席に据え、軍事委員会副主席を兼ねさせるかたちで「二人の文民」を置いてきました。

ところが、習近平政権下では、国家副主席に軍事委員会副主席を兼任させず、後継者を置かず、習近平ただ一人が人民解放軍をコントロールするシステムになったのです。つまり、習近平が病気や事故などで政権運営をできなくなったら、世界最大の200万人を有する人民解放軍を率いる人がいなくなるリスクをはらんでいるのです。

日本の政府や企業の人たちは「中国リスク」と言うと、どうしても「台湾有事」だとか

「尖閣危機」といったテーマが思い浮かぶでしょう。しかし、習近平政権が3期目に突入した2022年秋からは、われわれはもうひとつのリスクに向き合わなければならなくなりました。それが、習近平の身に何かがあったり、失脚したりした場合、人民解放軍がコントロールできなくなるリスクを同時並行で考えなければいけないという点です。実はこちらのほうが、中国や世界にとって大きな不安定要素になる可能性があります。

第二次反腐敗キャンペーン

橋爪　まず、中国における軍と党の関係について考えてみたいと思います。

歴代中国では皇帝がいて、その下に文官がいました。軍人である武官は文官と別の、軍事の専門職で、そのトップが将軍です。部隊を率いて実戦に参加する将軍にはかなりの権限があります。でも、武官である将軍が、政治的叛乱を起こして政府を乗っ取ることは、きわめて稀だった。日本の武士と違い、中国の軍人は正規軍で、人事権は文官がもっています。武器、糧食、兵站《へいたん》（ロジスティックス）なども文官がすべて押さえているから、部隊が独立して動くことができません。こういう原則によって、軍事クーデターが起こりにくなっていました。

この伝統は、人民解放軍と中国共産党の間にも続いている。革命時代には、多くの党幹部は軍人を兼ねていました。でも、根っからの軍人と党幹部は別々でした。たとえば、鄧小平は軍の政治委員や部隊の参謀を務めましたが、基本は党の幹部でした。いっぽう、朱徳や彭徳懐などは、党の資格もあるけれど、基本は軍人だった。そんなふうに役割が分かれていたと思います。そして、軍事クーデターが起きないようにする原則がはたらいていて、その担保が党中央軍事委員会という組織なのです。

この原則が、属人的にではなく、組織的に貫かれているなら、一般論として言えば、軍を掌握するトップの不在が、直ちに軍事叛乱や軍事政権に結びつくことは起こりにくいと言えると思います。


峯村　ありがとうございます。そこで考えるべきなのが、習近平と軍との関係です。

みなさんのイメージでは、習近平の反腐敗キャンペーンは軍を最大のターゲットにしていて、習近平は軍に対して非常に厳しい態度を取っていると思われるかもしれません。

しかし、党と軍の距離で言うと、毛沢東や鄧小平を除いて、習近平ほど軍との関係が近い指導者はこれまでいなかった、と思っています。

まず、習近平夫人の彭麗媛《ほうれいえん》の存在です。軍所属の歌手だった彼女は現役の少将でもあり、軍人のなかでは知らない人がいないほどの有名人でした。日本の「紅白歌合戦」にあたる旧正月の大晦日の歌番組のトリを務めていました。２００７年に指導部入りするまでは習近平本人はそれほど有名ではありませんでしたが、「彭麗媛の夫」として知られていました。

そして、公式発表されている習近平の経歴を見ると、彼自身が軍人として出発しています。１９７９年に大学を卒業後、中央軍事委員会秘書長だった耿飈《こうひょう》の秘書としてはたらきました。父の習仲勲や母の斉心がコネを使い、まず軍人としてキャリアを積ませたそうです。

そのあと福建省に移り、厦門《アモイ》市副市長、福州市党委員会書記、福建省長……と出世していきますが、必ず軍の肩書が兼任としてついています。習近平は党幹部、政府職員であると同時に、軍人としての経歴も積んでいて、軍の人たちも「われわれの仲間だ」という言い方をしています。

それくらい軍との密接な関係があったからこそ、トップになってロケットスタートで権力掌握ができたし、身内だからこそ、軍内部の反腐敗キャンペーンが実行できたわけです。

もちろん、軍は党中央軍事委員会が組織として束ねていますが、江沢民や胡錦濤の時代と比べても習近平は軍のグリップ力の強さが抜きん出ています。

橋爪　習近平が江沢民や胡錦濤に比べて、軍の掌握を一段進められた理由のひとつは、予算をじゃんじゃんつけたからではないでしょうか。

軍人からすれば、装備が更新されて、敵軍に遜色《そんしょく》がない戦闘機やミサイルが配備されることほど嬉しいことはありません。現場の指揮官の本能として、相手より劣った装備で戦って、部下を無駄死にさせたくない気持ちがある。アメリカに劣らない軍備をもち、最新式の装備で対等に戦いたいというのは、人民解放軍の宿願です。それが習近平の時代になって、ようやくかないつつある。分野によっては、むしろアメリカ軍を追い越すほどです。これが、軍人と習近平が一体感をもっていることのひとつの理由だと思います。

もうひとつ、「軍区」の構造を改めて実戦に近いかたちにしたことが挙げられます。

以前は陸軍が中心で、地域ごとに「軍区」に区割りされ、海軍や空軍と関係ない編制になっていた。それを習近平は、２０１６年、陸海空軍などを一体化して運用できるよう、

「戦区」に再編制しました。

それまでの陸軍の軍区は、外から手を出せない独立王国のようになっていて、自分勝手に行動する可能性があった。それを、陸海空軍をくっつけてひとつの組織にすることで、予算や人事の面で、党中央が手を突っ込めるようにしたのだと思います。

台湾方面で軍事作戦をするには、陸海空軍の共同作戦が必要です。それに向けた組織を整えて、臨戦態勢をとることで、軍人は、これは本気で戦争をする準備かも、と気合が入ります。党中央の指示に従おうという気持ちにもなる。

これらによって、いままでとは違うレベルで軍が掌握されたのだと思います。

峯村　先生、まさに我が意を得たり、です。

実は、習近平政権が展開している反腐敗キャンペーンは、2つに区分する必要がある、と複数の関係者から聞いたことがあります。

まず、習近平政権が発足した2012年から1期目が終わる2017年までが「第一次反腐敗キャンペーン」です。政権発足直前、クーデターを起こそうとした政敵らを皮切りに摘発を進め、「反習近平」勢力を大規模に粛清しました。主な目的は、権力基盤を強めて安定させることです。

そして2018年からは「第二次反腐敗キャンペーン」が始まります。この目的こそ、橋爪先生がご指摘の、「戦うための態勢をつくる」ことでした。

これは、第二次大戦期、ナチス・ドイツとの戦争を予想したソ連のスターリンが1936〜1938年、大規模なソ連軍内の粛清をしたのと同じ構図と言えます。軍内で不満をもっていたり、ナチスと内通している疑いがあったりする幹部らを処刑したり、強制収容所に送ったりしました。高級将校の実に3分の2ほどが粛清され、実戦経験が豊富な幹部を失ったことで、ナチスとの緒戦では苦戦しました。ロシアのプーチンも2022年2月のウクライナ侵攻前後に、FSB（ロシア連邦保安庁）の幹部らを粛清しています。

習近平による「第二次反腐敗キャンペーン」の目的こそ、スターリンやプーチンと同じく戦争への準備なのです。「祖国の悲願」と位置づける台湾併合に備え、邪魔になる裏切り者や、無能な軍人を排除しているとみることができます。

人民解放軍は「戦える組織」なのか

峯村　しかし、前述したように軍との距離が近い習近平ですが、これはいい面と悪い面があります。権力掌握が早かったというのは、距離が近いことの利点ですが、実は、2015年の終わりに行なった軍制改革は、その関係性ゆえにあまりうまくいっていません。

新中国で最大規模と言われるこの軍制改革では、陸海空軍やミサイル部隊であるロケット軍と並ぶ新組織として「戦略支援部隊」が創設されました。この部隊は主に、サイバー戦、電子戦、宇宙戦、心理戦などの情報戦を一括して担っており、習近平政権が進める「情報化戦争」への備えを充実させる狙いがありました。ところが、あまりにも担当分野が多岐にわたっていたため、運用が重なったり、指揮系統が複雑化したりする問題が起こりました。結局、2024年4月にこの部隊を発展的に解消させるかたちで、「情報支援部隊」に改編し、サイバー戦と宇宙戦についてはそれぞれ独立した部隊として再編制されました。

組織面だけに限らず、人事面でも大失敗を犯しています。2024年6月、前国防相の李尚福《りしょうふく》と、その前任だった魏鳳和《ぎほうわ》の党籍剝奪処分が発表されました。軍の顔とも言える国防相経験者が相次いで失脚するのは前代未聞のことです。しかも二人ともロケット軍の出身で、習近平自らが抜擢しました。処分の理由としては、汚職のほかに、「信仰が崩れて、忠誠心を失った」ことも挙げられています。つまり、習近平に裏切り行為をはたらき、恩をあだで返したという憤りを感じる表現です。

なぜ二人に対してそこまで怒っているのか。複数の関係者の話では、軍内の腐敗があまりにも深刻だったことから、習近平政権は「第一次反腐敗キャンペーン」が展開された2017年までにあった汚職などの不正事件については、これ以上追及しないことを決めたようです。ただし、それ以降の犯罪については、厳罰処分をすることを内部で通知した。つまり、李尚福と魏鳳和は、2018年以降も汚職に手を染めていたわけです。戦争に備えた「第二次反腐敗キャンペーン」の対象であり、今後、より厳しい処分が予想されます。

明らかに習近平の人選ミスとはいえ、その権力基盤に影響しかねない大スキャンダルと言えるでしょう。

橋爪　腐敗を退治していてもキリがない、という状況ですね。軍人として無能で、戦争をする気もなくて汚職に手を染める、というのがひとつの可能性として考えられます。

もうひとつの可能性は、軍の人事が金で動いていて、賄賂を払って少将になったり大佐になったりしている実態があることです。だとしたら、軍の戦闘意欲そのものが疑われるではありませんか。

戦争をしょっちゅうしているアメリカ軍なら、戦場で功績をあげた優秀な人間を抜擢することで、能率的で効率的な組織がだんだんできあがると想像できます。

まるで戦争をしていない中国人民解放軍が、金を払えば昇進できるという体質なのであれば、戦争などできないのではないかと想像しますが、どうでしょうか。

峯村　先生がおっしゃるとおりです。胡錦濤時代、軍の制服組のトップで中央軍事委員会副主席だった徐才厚がやっていたことは、まさにそれです。徐才厚は「大佐になりたければ何万元払え」「少将になりたければいくら払え」と、部下に要求していました。その昇進のための階級ごとの賄賂額の価格表も出回っていたほどです。軍人としての能力や経験など関係なく、上納金を集めた腐敗軍人だけが偉くなれるというとんでもないシステムでした。

徐才厚は2014年に習近平の第一次反腐敗キャンペーンでつかまりましたが、まず彼をターゲットにしたのは、そうした上納金システムを叩くことが目的のひとつです。

習近平はいつも、軍に対するスローガンとして「戦って勝てる軍隊になれ」と指示を出していました。その言葉の裏を返せば、それまでは「戦ったら負ける軍隊だった」ということです。軍に無能な人間をあてがっていたというのが、胡錦濤時代の最大の問題でした。

こうした瓦解した軍の人事制度は、習近平政権の反腐敗キャンペーンによってだいぶ改善されました。経験豊富で有能な軍人、軍のロケット打ち上げで実績のある技術者など、能力や成果をベースに配置されるシステムになったのは、客観的にみて、習近平政権のひとつの成果と言っていいと思います。

では、いまになってつかまっている元国防相らは、なぜ汚職を続けていたのか。

ひとつは、待遇への不満が背景にあると思います。前の世代の幹部がボロ儲けしていたのに、なぜ自分たちはもらえないのか。人民解放軍の幹部といえども、実際の給料はいまだに安く抑えられているから、不満を抱く人は少なくないでしょう。前政権下でおいしい思いをした軍幹部らは、装備品納入時にキックバックをもらうような取引をなかなかやめることができないのです。

習近平の「次」は誰か

橋爪　ナンバーツーをもたない現在の習近平が、心臓麻痺か何かで急死してしまったとしたら、どういうことが起きるでしょうか。

前例はあまりないのですが、スターリンが死んだ時のことが参考になると思います。スターリンは完全な独裁者で、党中央のほかの委員も、いつ粛清されるかとびくびくしていました。身の回りの世話をする使用人でも、ちょっとスターリンの機嫌を損ねたりすると、次の日から行方不明になることがしょっちゅうでした。

だから怖くて、誰もその身柄に触れることができなかった。亡くなった時、寝室で倒れていたらしいけれども、まだ起きませんか、などと部屋に入って行く人はいなかった。もしも、うるさい、と機嫌をそこねたら、命にかかわるから。半日か1日放っておかれて、やっと死んでいたとわかったという末路でした。

そのあと、党の中央委員が集まって、後継の人事を決めた。秘密警察を握っていたベリヤが事実上のトップになった。ベリヤは、スターリンの粛清の張本人です。ほかの中央委員は、ベリヤにいつ殺されるのか気が気でない。そこで、会議といつわってベリヤを呼び出し、みなで飛びかかってベリヤを逮捕したと言います（諸説あり）。

以上を参考にすると、習近平の死後、まず、党中央のトップである政治局常務委員6人が集まるでしょう。そこで、ベリヤのようにみんなに恨まれている秘密警察の責任者が、真っ先に失脚するでしょう。

そのうえで、党中央が合意すれば、後継者が決まると思います。でも、どうやって決めるかの事前のルールがない。習近平が決めた序列は役に立たないだろう。いろいろなシナリオが考えられるけれども、党中央軍事委員会の副主席あたりが、中央委員会とは別に軍事委員会を開き、軍を掌握していることを背景に、常務委員会の場を仕切る、ということも考えられます。

毛沢東の警備責任者の汪東興《おうとうこう》は、毛沢東の死後、権力継承の流れをつくりました。習近平が突然亡くなった場合、政治局常務委員会が機能するか、党中央軍事委員会が絡むか、警備部隊が絡むか、どれになるかは事前にわからない。どうでしょう。

峯村　まさに汪東興のように、クーデターを起こせる可能性が高いのは、中央弁公庁主任でしょう。

習近平が中央弁公庁主任に据えているのは、序列5位の政治局常務委員である蔡奇《さいき》です。政治局常務委員が中央弁公庁の主任も兼ねているというのは、異例中の異例です。毛沢東の時代まで遡っても、この2つの要職を兼務させるのは初めてのことです。

習近平の外遊にも、蔡奇は中央弁公庁主任として必ず同行しています。常務委員は共産党の神様のような選ばれし人と言っていいでしょう。そんな「神」が家来みたいに習近平にくっついて回るというのは非常に違和感があります。そのことは、習近平がそれほど頭抜けた存在であることを示しています。それ以上に、信用できるのは蔡奇しかいないと習近平が考えるほど、疑心暗鬼になっていることがうかがえます。正直、蔡奇自身は北京市書記時代もほとんど実績はなく、唯一の功績は習近平の「イエスマン」。ではなぜ、実績もそれほどないような人物を、習近平は買っているのか。

党内部の事情に詳しい関係者は、「主席は、蔡奇氏を信頼しているだけではなく、どんな汚れ仕事でもいとわずやってくれる点を評価している」と語っていました。反腐敗キャンペーンのような、下手をすれば大きな恨みを買う汚れ仕事でも、黙ってやれるのは蔡奇しかいない。だからこそ、習近平は常務委員と弁公庁主任を任せる異例の体制を敷いたのだと思います。

橋爪　では、習近平がいなくなった途端に、蔡奇がすべてを仕切るというかたちにできるのか。中央弁公庁主任で文官なら、ただちに軍を動かせる立場にはありません。どうやって自分の身を守るのでしょうか。

峯村　その点で言うと、蔡奇は2023年5月、習近平が2014年に新設した「中央国家安全委員会」の副主席に抜擢されました。メンバーには軍幹部のほか、情報機関や治安機関の当局者が就いています。この委員会のナンバーツーに選ばれたことは、相当なパワーをもっていることを意味しています。

ただ、蔡奇がこうした重要ポストに就いたからといって、習近平の後継者候補になっているわけではありません。習近平に何かあった時の「プランB」にもなり得ないでしょう。なぜなら蔡奇は党中央での実績があまりにもなさすぎますし、力の源泉は習近平とのパイプにしかありません。その習近平がいなくなったあと、リーダーシップを取っていく自信が蔡奇自身にあるかどうかは疑問です。

もうひとつ、重要なポイントを言うと、蔡奇は習近平の2歳下であり、仮に後継者になったとしても、高齢による健康問題が出てくる可能性があり、長期政権は難しいでしょう。次の2027年の共産党大会では、蔡奇は引退する可能性が高いと言えます。

橋爪　そうだとすると、習近平の頭のなかを考えてみないといけません。

峯村　2024年7月の三中全会で、習近平が「中国建国の80周年である2029年までに改革を実現する」と言及したのが重要だと考えています。つまり、2027年以降の、4期目も務めると事実上宣言したのです。しかし、後継者がいないいまの状況で、次の党大会でほんとうに後継体制ができるのかどうかは、見通せず、難しいところです。

橋爪　習近平は2029年に改革を成し遂げるのは自分で、元気でその時を迎えるつもりかもしれないけれども、いちおう念のために、何かあった場合のことを考えているはずです。少なくとも、2027年にいまの政治局常務委員がみな退場するのなら、代わりに誰を引き上げようとか、誰かを後継者にしないといけないと、頭のなかで考えているはず。

それをどうやって探すか。共産主義青年団ではもちろんないし、福建省や浙江省の人脈も使い尽くしてしまって、当時の知り合いは、もう若造しかいない。いままでは身内の抜擢人事で習近平派をつくってきたけど、人材が払底しているじゃありませんか。

習近平は「紅二代」ということで、革命の継承をしているとするけれども、そうすると、次は「紅三代」になると思うんですね。でも、現実的には紅三代は無理だと思う。

紅二代は、親である紅一代がみんな友達で、子どものころは中南海で一緒に暮らし、みんな同じように育っていました。ライバルでもあるけれど、同じ境遇で育ったことで仲間意識が生まれ、共産主義青年団などほかの連中には共産党を渡さない、という感じだった。

しかし、紅三代になると一緒に暮らしてもいないし、仲がいいわけでもないし、連帯感もないから、そもそも紅三代という概念が成り立たないのではないか。つまり、習近平の子ども世代に受け継ぐとしても、該当者があまりいない。地域でみても、組織でみても、該当者がいないから、習近平本人もたいへん悩んでいるのではないでしょうか。

峯村　その点から言うと、一人だけ例外となる常務委員がいます。丁薛祥《ていせつしょう》、前の中央弁公庁主任で、年齢は62歳と習近平よりも9歳年下です。この人が後継体制に入る可能性のあるキーパーソンだと私は思っています。習近平が上海市書記の時に秘書をしていました。上海には7か月しか務めていなかったにもかかわらず、丁薛祥をあえて抜擢したのは、能力を高く買っていたからでしょう。

習近平政権3期目で丁薛祥は経済担当の筆頭副首相を務めていますが、もともとは上海市政府ではたらいていたテクノクラートの一人です。大学では機械工学を学び、材料部や機械工業部でも仕事をしていました。名門、清華大学で化学工学を専攻した習近平は理系人材を重用する傾向があり、丁薛祥も有資格者の一人と言えます。

いっぽう、後継者として不利な点もあります。総書記になるには、複数の地方政府のトップを務めて実績を積み上げることが必須条件となっています。しかし、丁薛祥は地方政府トップの経験が一切ありません。本来ならば候補者ではありませんが、かえって有利にはたらくと思っています。資格のない丁薛祥を習近平があえて抜擢することで、忠誠心を高めるとともに、院政を敷きやすくなるからです。そうすれば寝首をかかれるリスクが下がるでしょう。

ということで言うと、年齢的にも、将来、常務委員の有力候補の一人になる可能性があります。ただ、ポスト習近平候補としてみるならば、なったとしても、お飾り的なポジションだろうと思います。

橋爪　アメリカでは、共産党に批判的なネットメディアの動画がいろいろあるのですが、最近、習近平の後継者が決まったのでは、という噂が流れています。3期目で習近平は引退し、次は陳吉寧《ちんきつねい》という人物だと。平穏に引退する代わりに、その後の習近平の身柄や安全を保証すると、各グループの間の話し合いがついたという。例によって、特に根拠のない情報です。

念のため調べてみると、陳吉寧は環境保護の専門家で、政治局員、60歳。イギリスの名門インペリアル・カレッジで博士号をとり、清華大学の学長、北京市長を務め、上海市書記から首相に抜擢された李強の後を継いで、いま上海市書記です。紅二代でなく、学力は申し分なく、習近平系だとされますが、江沢民派や共青団派にも受け入れやすい人物に思えます。

習ファミリーの体制入りの芽はあるか

峯村　後継体制を支える候補としては、習近平夫人の彭麗媛もその一人だとみています。年齢は62歳と若く、何よりも軍の少将であり、党や政府だけではなく、軍にも影響力を及ぼすことができます。

さらに言うと、習近平夫妻の長女である習明沢《しゅうめいたく》も、後継体制で重要なポストを担う可能性があると思います。私がハーバード大学にいた2014年、学部生として在籍していた習明沢本人にも会ったことがあります。卒業後、帰国して行方がわからなくなっていましたが、どうも最近、何らかの政府系の仕事を始めたという情報があります。

習近平がなぜ、身内にこだわるのか。中国には「辱墓《じょくぼ》」という風習があります。恨みを買った皇帝や豪族の墓が、民衆によって掘り起こされることを意味します。墓を荒らして遺体や遺品を侮辱することは、死者に対する最も強い抗議の意思と考えられていました。反腐敗キャンペーンでこれだけ大々的な取り締まりを断行して、恨みをたくさん買っている習近平からすれば、墓を掘り起こさない妻や長女を後継体制に入れておきたいのが本音でしょう。

いずれにせよ、現段階では後継体制が固まっていないのは間違いありません。「ポスト習近平」は4期目以降にその輪郭がみえてくる可能性が高いと思います。

橋爪　4期目、5期目があるとしても、年齢的にヨボヨボになってしまって、いつ何が起こっても不思議がない状態になるのだから、中国にとってはますますリスクが増えて、よくない状態である。

これが民主主義国家なら、後継者を決めるために党大会でも開いて自由選挙をやれば、誰もが納得する人がちゃんと出てくるわけです。でも、そういう芽を自ら摘み取ってしまったので、中国共産党がどうしようもなくもっているよくない面が、国の運命を不安定にしてしまっている。その責任は習近平にあります。習近平はこれを十分承知すべき立場にあると思います。

だから、後回しにしていた政治改革をちょっとはやってみましょうかと考えても、ほんとうなら不思議ではありません。

峯村　そうですね。その可能性はもちろん否定できません。それでもやはり、共産党にとって政治改革はものすごいリスクがあります。習近平の発言を長年分析していると、胡錦濤時代と比べても、政治改革や民主化という言葉をほとんど使っておらず、やる気は皆無でしょう。それよりは、マルクス主義時代に戻って、自分のやりたい社会主義の体制を固める方向で進んでいるのが実態です。

橋爪　アメリカなどの海外で目にする、中国に批判的な中国語ネットメディアでは、習近平について、とにかく頭が悪いとか、田舎者だとか、凡庸だとか、その手の評価であふれています。共産党が宣伝するように偉大な指導者だというなら、もうちょっと違うところをみせて評価を逆転させなければいけないと思いますが、そのチャンスはなさそうだということですね。

峯村　そうですね。いまの習近平体制下では、政治改革をすることはおろか、語ることですら、ペナルティーの対象になり得ます。

胡錦濤前政権では、後継者選びを含めた人事の「制度化」を進めました。前にも述べたように、習近平体制への移行に際して、胡錦濤は完全引退した。鄧小平や、胡錦濤の前の江沢民が、引退後も軍事力を握ることで影響力を保っていた前例とは異なり、胡錦濤はすべてのポストから退いて、権力継承の「制度化」を実行しました。

ところが、習近平は胡錦濤が進めた「制度化」を否定する路線をとっています。たとえば、人事では幹部の任用は制度化しないで、習近平がすべて面談して決めています。政治局常務委員の分業も潰して、自分以外は全員部下扱いし、一強体制を敷いている。

2022年の党大会の閉幕式で、胡錦濤が外に連れ出される場面が世界に衝撃を与えました。これは習近平による胡錦濤時代の否定を象徴するような場面だったと思います。習近平が政権を維持する能力を失うようなトラブルがない限り、政治改革へと進む道はないと断言できます。

「超一強体制」の最大のリスク

橋爪　習近平が亡くなり、党中央が機能しない場合、中国共産党の一般党員は何かアクションできるでしょうか。

峯村　ありえないでしょう。胡錦濤政権までは集団指導体制が敷かれており、トップの身に何かがあっても別の高官らが対応できる仕組みになっていましたが、いまは完全に上意下達のシステムが徹底されています。一般党員はほとんど権限がない。習近平が亡くなって党中央が適切な指示を出せなくなれば、共産党全体が麻痺するような、カオスな状態になる可能性も高いとみています。

橋爪　たとえば、全国人民代表大会（全人代）が開かれても、議題が出てこないとか、予算が出てこない、とか。各種の委員会は、会議そのものは開けるかもしれないが、テーマとなる原案がない。何か議決しても、党中央に報告できないことになる。

峯村　おっしゃるとおりです。それが、党中央がすべてをグリップする習近平「超一強体制」の最大のリスクです。指示が上から落ちてくる一方通行ですから、トップがいなくなると、それを支える共産党のシステムがはたらかなくなり、その命令を受ける政府である国務院が機能不全に陥るのは確実です。

橋爪　党中央が機能しない場合、混乱に陥った人びとには、文化大革命の記憶がよみがえると思います。

　あるいは、伝統的な王朝で、皇帝が機能しなくなった場合、農民やいろいろな草の根の団体が自己権力で起ち上がるのが中国の伝統ですから、そういう現象が起きても不思議ではありません。ある町やある市、ある省は、中央から何の連絡もなく、指示がないのであれば、町長は私だ、市長は私だと、あたかも上から指示があったかのように独自に動くという事態になるのではないでしょうか。これが中国の伝統的な行動様式だと思います。

峯村　私もそうなると思います。だからこそ、中国共産党の幹部たちが言っているとおり、もし党中央のタガが外れたら、地方は四分五裂になって、勝手なことをやり出す。全国の五戦区がそれぞれ「独立国」を宣言して、ばらばらになることもありうるでしょう。

橋爪　紅衛兵が混乱したのと似ているし、軍閥が混乱したのと似ているし、太平天国が混乱したのと似ているし、歴史をふり返ればいろいろな事例がある。そういうカオスに近づく可能性が、構造的にあるということですね。

峯村　私はそう思っています。中国人の思考や行動様式は、昔もいまもそんなに変わらないと思います。しかも習近平はじめ、党や軍の幹部らは中国の歴史書をよく読んで学んでいます。だからこそ歴史を繰り返すことになるでしょう。

橋爪　中国の人びとは権力を尊重し、命令には従いますが、根本的には自己保存の本能のほうが強い。だから、カオスになれば、自分を守るために行動するはずです。それは、大地震が起きても列に並んで秩序を保とうとする日本人とは、全然違うと思います。

峯村　中国で7年間生活をして感じたことは、日常生活も「闘争」なのだということです。北京の地下鉄で電車を待っている人が並ばないのは、乗客が多すぎるので、待っていたらいつまでたっても乗れないからです。14億という人口のなかで、日々格闘をしているからこそ、タフなビジネスや外交の交渉ができ、激しい権力闘争でも生き残れるのです。

橋爪　とすると、習近平政権の末路は、世界じゅうが恐れていて、中国の人たちが最も避けたいと思っている「大混乱」も、計算に入れておかなければいけないのですね。

峯村　もちろんそうです。このまま「ポスト習近平」体制を迎えると、大混乱が待ち受けているとみています。中国は、きちんと統治されたうえで行動を起こすよりも、タガが外れて崩壊に向かう時のリスクのほうが世界にとって不幸ですし、特に、近隣の日本には大災難をもたらすでしょう。

橋爪　ただ、中国共産党という非常に権威主義的な体制が世界から取り除かれるかもしれないわけですから、当面は中国の人びとが酷い目に遭うのは困ったことですが、核戦争になったりするリスクに比べれば、結果として少しはましかもしれません。

峯村　逆に言うと、われわれもそういうシナリオプランニングをすべき時がきています。中国共産党の統治がなくなる際、どのように暴発を防いで新体制を軟着陸させるかということを考えるべきでしょう。

核戦争のリスクで申し上げれば、中国共産党支配の崩壊の過程で、核をもっている中国軍の各部隊が、暴発するリスクはゼロではありません。そうした崩壊シナリオを考えておかなければならないということは、私が常々訴えているところです。

橋爪　なるほど、よくわかりました。

最後は恐ろしい見通しになってきましたが、そうしたあらゆる事態を想定して準備する時間は、実はあまり残されていません。序章で申し上げたような「中国研究所」を日本国内に設けて、研究し、対策を立てることは、われわれ日本人の緊急の課題です。

峯村　そのために私も中国研究者の一人として、半生を捧げていく覚悟です。

2024年9月、中国・アフリカ協力フォーラムの夕食レセプションに参加した習近平（左）と彭麗媛夫人（右）

中国を中国にしているのは、教育である。

これは、アメリカをアメリカに、イスラムをイスラムに、インドをインドにしているのが信仰なのと比べると、特別である。

中国の人びとは、これを特別だと思っていない。中国では昔からこうだった。中国が中国で何が悪い。中国人が中国人で何が悪い。こういう自信（いや、居直りか）に形を与えたのが、中国共産党だ。世界の脅威になっている。

中国共産党も昔は、こんなでなかった。中国の現状をなんとかしたいと、献身する知識青年がいた。ふるさとの町や村を守りたいと、銃をとる若者がいた。

新中国が成立すると、教育が本格的に始まった。毛沢東は偉大です。そして生まれたのが紅衛兵だ。毛沢東に従って、中国共産党を攻撃した。やりすぎた。ではやり直そう。中国共産党は偉大です。中国の教育は、政治の別名である。宣伝でもある。これをもう40年以上やっている。人びとの頭のなかにこびりついている。

するとどうなる。中国共産党が最高の価値になる。神や真理や宗教よりも。自由や人権よりも。平和や民主主義よりも。人びとの幸福よりも。何が価値がある、と決めるのは中国共産党だ。つまり、中国共産党は最高の価値なのである。

中国共産党は、教育でできている。

習近平は、「中国共産党に価値がある」を、中国中に教育することでできている。そのやり方に賛成の習近平派の人びとを党中央に集めた。反対意見も反対勢力もなくなった。党中央が「四人組」化している。四人組と同じような末路にならないかと怯えている。

＊

中国共産党のこうした「あぶない」実態を、しっかりと見つめている論者は数えるほどだ。その数少ないひとりが峯村健司氏である。何回かお話しするうち意気投合し、ぜひ中国をテーマに本をつくりましょうということになった。

峯村氏のご縁で、小学館の編集部にお願いできることになった。習近平政権の不透明なこの先を考える、語り下ろしの対談が実現した。峯村氏と私は基本認識を共有しつつも、議論の角度が異なる。私には学びの多い、楽しい機会になった。

分量の多い文字起こし原稿にばっさり手をいれ、構成のはっきりした対談に整えてくれたのは、担当の結城有梨さんら編集部の皆さんだ。校閲やサポートの皆さんにも大いに助けられた。おかげで、中国の実情にあまり馴染みのない読者の方々にも届きやすい一冊になったと思う。感謝したい。

*

私が中国に興味をもち、中国語を習い始めたのは40歳のころ。日中国交回復の中国ブームも一段落したあとの、出遅れ組だ。それから幾度も中国を訪れ、おおぜいの中国の人びとと知り合った。もう亡くなってしまった友人・知人や親戚も多い。一人ひとりを思い浮かべる。誰もが誠実で人間味にあふれていた。歴史の流れに翻弄されて苦難の人生を歩んできた。本書が描く中国現代史の背後には、そうした数多くの人びとのストーリーがある。そうした人びとへの祈りの気持ちを、本書にこめたつもりだ。

歴史は、ずしりと重いロードローラー（道路のアスファルトを平らにする機械）のように、少しずつ進んでいく。誰にも動かせそうにない。自分ひとりに何ができるか。だが実のところ歴史は、人びとが集合的につくり出すのだ。それがどう歴史の歯車を回しているのか、その秘密がつかめるなら、歴史の暴走にストップをかけるチャンスがある。社会学や哲学や歴史学は、その秘密を解くためにある。

歴史はときどき大きな曲がり角を曲がる。取り返しがつかない曲がり角のときもある。そしてその少し前に、あのときならまだ間に合ったのに、というタイミングがある。まさかこのあとそんな大事になるとは誰も思っていない。その時期こそがタイミングだ。

後世の人びとは言うだろう。なぜぼんやりしていたんだ。同時代に生きていたなら、ちゃんとやることをやれよ。後世のわれわれにはどうしようもないんだから。その通りだ。

同時代に生きる人びとは、歴史の歯車に対して共同責任があるのだ。

本書は、そんな歴史に対する責任を問い直す本である。中国という巨大な文明の、過去の歴史を知り、現在の動きを知り、この先の進路を推測する。中国共産党という名前の歯車のかたまりに、聴診器をあてる。診断を間違えるかもしれない。でも、何もしないわけにはいかない。そして読者の皆さんにも、その責任を分担してもらえるとありがたい。

2024年11月

橋爪大三郎

橋爪大三郎［はしづめ・だいさぶろう］

1948年、神奈川県生まれ。社会学者。大学院大学至善館特命教授。著書に『おどろきの中国』（共著、講談社現代新書）、『中国VSアメリカ』（河出新書）、『中国共産党帝国とウイグル』『一神教と戦争』（ともに共著、集英社新書）、『隣りのチャイナ』（夏目書房）、『火を吹く朝鮮半島』（SB新書）など。

峯村健司［みねむら・けんじ］

1974年、長野県生まれ。ジャーナリスト。キヤノングローバル戦略研究所主任研究員。北海道大学公共政策学研究センター上席研究員。朝日新聞で北京特派員を6年間務め、「胡錦濤完全引退」をスクープ。著書に『十三億分の一の男』（小学館）、『台湾有事と日本の危機』（PHP新書）など。

構成：及川孝樹　編集：結城有梨

あぶない中国共産党

二〇二四年　十二月七日　初版第一刷発行
二〇二五年　一月二十二日　第二刷発行

著者　橋爪大三郎　峯村健司
発行人　三井直也
発行所　株式会社小学館
〒一〇一－八〇〇一　東京都千代田区一ツ橋二ノ三ノ一
電話　編集：〇三－三二三〇－五九六一
販売：〇三－五二八一－三五五五

印刷・製本　中央精版印刷株式会社
本文DTP　ためのり企画

Printed in Japan ISBN978-4-09-825482-8